$\mathscr{A}$strología

PARA
LA COMPATIBILIDAD
Y EL AMOR

El autor

Octavio Déniz nació en Santa Brígida, España. Es un Neturópata diplomado concentrado en el estudio de las plantas medicinales y los elixires florales. Se ha dedicado al estudio de la influencia mental y emocional en la salud física, así como a la investigación empírica de los estados alterados de conciencia.

Déniz cuenta también con dieciséis años de estudio y práctica de la Astrología. Su formación ha sido autodidacta y su filosofía está basada en la necesidad del autoconocimiento y del impulso positivo como base para la construcción de una vida más plena en lo material y lo espiritual.

Como astrólogo ha ayudado a cientos de personas a encontrar su camino, venciendo sus limitaciones y descubriendo nuevas posibilidades.

Correspondencia con el autor

Para contactar o escribirle al autor, o para mayor información sobre este libro, envíe su correspondencia a Llewellyn Español para serle remitida al mismo. La casa editorial y el autor agradecen su interés y sus comentarios sobre la lectura de este libro y sus beneficios obtenidos. Llewellyn Español no garantiza que todas las cartas enviadas serán contestadas, pero le asegura que serán remitidas al autor.

Por favor escribir a:

Octavio Déniz
℅ Llewellyn Español
P.O. Box 64383, Dep. 0-7387-0632-9
St. Paul, MN 55164-0383, U.S.A.

Incluya un sobre estampillado con su dirección y $US 1.00 para cubrir costos de correo. Fuera de los Estados Unidos incluya el cupón de correo internacional.

Astrología

PARA
LA COMPATIBILIDAD
Y EL AMOR

Octavio Déniz

Llewellyn Español
St. Paul, Minnesota

PRIMERA EDICIÓN
Primera impresión, 2004

Coordinación general: Edgar Rojas
Diseño de la portada: Ellen Dahl
Diseño del interior: Alexander Negrete
Edición: Edgar Rojas
Ilustraciones del interior: Llewellyn Art Department
Imagen de la portada: © 1997 Digital Vision Ltd.

Library of Congress Cataloging-in-Publication Data (pending).
Biblioteca del Congreso. Información sobre esta publicación (pendiente).

ISBN 0-7387-0632-9

Llewellyn Español
Una división de Llewellyn Worldwide, Ltd.
P.O. Box 64383, Dep. 0-7387-0632-9
St. Paul, MN 55164-0383, U.S.A.
www.llewellynespanol.com

Impreso en los Estados Unidos de América

TABLA DE CONTENIDO

Capítulo I

El enigma de las relaciones

¿Por qué nos enamoramos de una persona determinada y no de otra? ¿Por qué el amor tiene ese poder de transformación que es capaz de sacar de nosotros lo mejor y lo peor? ¿Por qué a veces amamos a quien más daño nos puede hacer? Y sobre todo, ¿por qué algunas relaciones resultan satisfactorias, mientras que otras son claramente decepcionantes si todos ponemos el máximo empeño en ser felices a través del amor?

La necesidad de relacionarnos con los demás es una de las características fundamentales del ser humano. Desde que nacemos, mantenemos una relación muy cercana con nuestra madre, no sólo por la necesidad de alimentarnos, sino por profundas demandas emocionales, que se relacionan con la necesidad de ser queridos y cuidados. A medida que crecemos, empezamos a compartir nuestra vida con un número creciente de personas, familiares, compañeros de estudios y de trabajo, amigos y amores. En todas las relaciones adquirimos algo: conocimientos, experiencias, afectos, pero también debemos entregar una parte de nuestro ser. Este intercambio, que no siempre es equitativo, tiene un efecto emocional muy importante, provocando dudas y preguntas como las que se formulaban anteriormente.

Seguramente, en alguna de nuestras relaciones menos importantes sentimos que damos más de lo que recibimos, o quizá lo que recibimos es todo lo contrario de lo que nos gustaría obtener. Pero si este hecho se da en una relación sentimental profunda, con toda la carga emocional que eso conlleva, las dudas y los temores adquieren un volumen capaz de ahogar cualquier razonamiento coherente.

Las relaciones humanas, y por encima de todas, las relaciones amorosas, han cargado desde siempre con un aura de misterio y excitación muy fuertes. Pero quizás, gran parte de ese misterio se debe a que observamos las relaciones solamente desde el plano emocional, y con una visión muy reducida, sin elevar nuestra mirada hacia otras realidades y otras explicaciones.

La manera en que vivimos las relaciones depende en gran medida de cómo somos nosotros. La forma en que nos comportamos es, evidentemente, fruto de nuestro carácter. Pero también las personas que atraemos y que nos atraen están directamente relacionadas con nuestra forma de ser. De este modo, comprender cómo somos es una cuestión fundamental para poder entender cómo se producen nuestras relaciones.

La Sinastría es un conjunto de técnicas astrológicas que nos ayuda a analizar las relaciones entre las personas. Estas relaciones pueden ser muy diversas: laborales, vecinales, amistosas, familiares, sentimentales, etc. En este libro hablaremos del tipo de relación que generalmente provoca más curiosidad, conflictos y satisfacciones en la mayoría de nosotros, la unión amorosa entre un hombre y una mujer. Pero, con las debidas adaptaciones, la información aquí contenida puede servir para analizar cualquier tipo de relación humana.

No existe una línea divisoria entre nuestras diferentes relaciones, y aunque algunas personas se empeñen en aislar unas de otras, lo cierto es que todas están interconectadas de alguna manera. Las relaciones que mantenemos con nuestros padres en la infancia, los modelos que aprendemos de la sociedad, los grandes mitos que conforman la experiencia humana, influyen de un modo determinante en las vivencias sentimentales que tenemos a lo largo de la vida.

LOS MITOS QUE NOS RODEAN

Todos hemos oído hablar del mito de las "almas gemelas", y aunque hay diversas formas de entender este concepto, generalmente se entiende por tales a dos personas que han estado unidas en algún momento de su evolución a través de las encarnaciones, y que poseen por tanto un grado de compatibilidad total. Las almas gemelas, según se dice, se reencarnan al mismo tiempo y buscan constantemente unirse y completarse.

Probablemente, la mejor expresión de este mito lo podemos encontrar en una obra de Platón, *El Banquete*, también conocida como *El Simposi*. En esta auténtica obra maestra, tanto de la literatura como de la filosofía, Platón nos presenta a una serie de intelectuales atenienses que se reúnen a comer y a beber en casa del poeta Agatón. Entre ellos está Sócrates, maestro de Platón y, como en todas sus obras, auténtico eje de la narración. Uno de los comensales, el médico Eríximaco, propone a los presentes que se haga un elogio de Eros, es decir, del amor, y cada uno de ellos pronuncia un discurso, a cual más interesante, sobre el tema. Para finalizar, la obra se cierra con un brillante discurso de Sócrates al que nos referiremos más adelante en este libro.

Lo que nos interesa ahora es ocuparnos de uno de los discursos, concretamente el que pronuncia el autor teatral Aristófanes. Éste relata que en el principio de los tiempos existían tres clases de seres humanos, los hombres, las mujeres y los andróginos. Dotados de dos pares de brazos, dos pares piernas, dos sexos y dos cabezas, los andróginos eran seres muy fuertes y audaces. Su arrogancia les llevó a retar a los dioses, intentando derrocarles de su trono en el Olimpo. El castigo divino no se hizo esperar, así que Zeus cortó a los andróginos por la mitad, de modo que cada uno tuviera un par de brazos y de piernas, así como un solo sexo y una sola cabeza. Apolo, dios de la medicina, remató el trabajo, cosiendo el corte y colocando los miembros en su lugar, tal como somos en la actualidad. Desde ese momento, cada una de las mitades añoraba encontrarse con su otra parte, y cuando al fin lo conseguía, se juntaba con ella en un abrazo eterno, pues habían alcanzado la máxima felicidad.

La influencia de este mito en las relaciones humanas es indiscutible, más allá de que responda o no a una realidad espiritual. Porque frente a la creencia generalizada de que vivimos en una sociedad tecnológica y científica, donde prácticamente todo ha sido ya descubierto, en verdad, nuestro mundo interior está habitado por grandes regiones de sombra, por dudas y sentimientos de difícil expresión, a los que podemos llamar, con toda propiedad, nuestros mitos interiores.

Un mito no es una fantasía, ni una fábula para niños. No es una historia muerta del pasado. El mito es una metáfora viva, una forma de explicarnos la realidad que posee una intensa carga emocional y que por tanto, resiste el análisis lógico. Aunque quizá no nos demos cuenta, vivimos rodeados de mitos, de historias familiares y culturales que nos han impuesto desde el nacimiento y que tienen una profunda influencia en nuestro comportamiento. Su carácter emocional y el hecho de estar profundamente enterrados en nuestra psique hacen que sean bastante esquivos, pero poderosos en su acción.

Así, un mito como el del alma gemela modela la forma en que vivimos nuestras relaciones sentimentales. No existe forma alguna de demostrar que existan las almas gemelas, y mucha gente niega creer en ello. Pero la realidad es que todos nos comportamos como si en el fondo de nuestro corazón creyéramos que es verdad. Cuando estamos solos, queremos creer que en algún lugar del mundo hay una persona que es nuestro complemento perfecto, y en las primeras fases de un enamoramiento, todos pensamos aunque sólo sea durante un instante que esa persona es nuestra alma gemela. No importa si esa es la realidad, lo importante es que lo creemos y actuamos como si así fuera. Por tanto, es muy importante conocer cuáles son nuestros mitos interiores y cómo nos influyen, pues una parte importante de la felicidad de nuestra vida sentimental depende de ello.

El origen de éste y otros mitos interiores es múltiple. Por una parte están los mitos familiares, aquellos que se forman en los primeros años de vida y que tienen un gran peso en nuestro comportamiento futuro. Estos mitos se nutren de las historias de la familia, de las normas que nos inculcaron y de lo que vivimos en esa etapa tan sensible.

Por otro lado, la sociedad en que vivimos también nos aporta sus mitos. La cultura occidental tiene los suyos, pero también podemos hablar de mitos nacionales e incluso locales. Entre estos mitos se incluyen las historias fundacionales sobre cada país, o los conceptos socialmente aceptados acerca de lo que está bien o mal. Por ejemplo, una persona espontánea y directa puede ser bien vista en occidente, pero tendría dificultades en Japón y otros países asiáticos, que valoran más la introversión.

La tercera fuente de mitos personales tiene un carácter universal. Todos los seres humanos viven experiencias similares a lo largo de sus vidas. Los mitos relativos al nacimiento, la maduración, el amor o la muerte, son muy importantes y tienen un carácter ubicuo. La idea del alma gemela es uno de esos mitos universales.

El célebre psiquiatra suizo Carl Gustav Jung (1875–1961), llamó "arquetipos" a estos mitos universales y reconoció su profunda influencia en nuestras mentes individuales.

Entre nuestros múltiples mitos culturales coexisten dos imágenes destacadas. Por un lado está el individuo social (el "animal político" de Aristóteles), que necesita el contacto con los demás para sentirse completo. Este es el personaje civilizador, preocupado por los otros, comunicativo. Este es el individuo que construye las ciudades, el que forma una familia y da estructura a la sociedad.

Existe también un segundo prototipo, el del aventurero o explorador solitario. Es el personaje autosuficiente, concentrado en sus asuntos, poco hablador, capaz de cuidar de sí mismo y orgulloso en su soledad. Ésta es la clase de personas que viven en los márgenes de la sociedad, a gusto con su independencia.

En todos nosotros coexisten esas dos tendencias. Por una parte el deseo de relacionarnos con los demás, y por otra, la necesidad de encerrarnos en nosotros mismos. Son dos energías que tiran en direcciones opuestas, y cuya oposición provoca una fuerte lucha que cada uno resuelve a su manera. Jung observó que de esta oposición nacen las dos grandes tendencias en la personalidad humana:

• La extroversión, que implica una expresión directa de las energías hacia el exterior.

• La introversión, que significa que las energías se acumulan en el interior, en donde se filtran todas las experiencias.

Aunque estos conceptos se han vuelto muy populares, su percepción por parte del gran público aparece con frecuencia distorsionada. En la sociedad occidental se suele ver a los extrovertidos como personas expresivas, simpáticas y positivas; mientras que los introvertidos se perciben como tímidos, cerrados o incluso resentidos. Estos juicios morales se deben a que vivimos en una sociedad extrovertida, pero no tienen ninguna base objetiva.

La realidad es que no hay una energía mejor que otra, y todas las personas tienen la responsabilidad de desarrollar ambas tendencias de un modo equilibrado, ya que de lo contrario es posible caer en sus extremos más patológicos. Si alguien es exageradamente extrovertido, se torna vacío, superficial y tiende a entrometerse en las vidas ajenas, ya que no es capaz de ver sus propios límites. Pero si se mueve hacia el extremo contrario, un exceso de introversión provoca timidez, miedo a los demás, o incapacidad de enfrentarse a la realidad. Cuando hay un equilibrio entre ambas energías, es posible abrirse a los otros sin perder su propia identidad.

La dialéctica introversión-extroversión es muy importante en las relaciones. Estar en contacto con los otros es un elemento fundamental para el bienestar y desarrollo. Las relaciones ayudan a sentirnos más completos, nos permiten ser más felices y nos dan puntos de referencia a partir de los cuales entendernos y entender la realidad circundante.

Pero aunque las relaciones tienen mucho que ver con nuestra cara más externa, no se construyen solamente desde esa parte de la personalidad. La relación que tenemos con nosotros mismos es también muy relevante y es en este punto donde cuestiones como el autoconocimiento adquieren todo su valor y relevancia.

LO MASCULINO Y LO FEMENINO EN CADA PERSONA

Entre los geniales descubrimientos de Jung, merece destacarse uno de carácter fundamental. Para él, los arquetipos no sólo forman parte de los contenidos de nuestra mente, sino que condicionan su propia estructura interna. No somos una unidad monolítica, y del mismo modo que nuestro cuerpo físico está constituido por diversos órganos y sistemas, nuestra psique está también dividida en diferentes zonas conciencia. Estos acúmulos de energía psíquica se denominan "complejos". Los complejos se organizan en torno a diversos arquetipos de carácter universal y están constituidos por ideas, sentimientos y experiencias vitales.

Entre los diversos núcleos de conciencia que conforman la psique humana, vamos a analizar aquel que está más directamente relacionado con la vivencia de las relaciones. A este arquetipo sexual se le denomina, según el sexo de la persona, *ánima* o *animus.*

El ánima es la acumulación energética de energía femenina que se encuentra en el interior de la psique de todo hombre. No se trata de una mujer concreta, sino de una especie de "mujer interior", de carácter ideal. El animus, por su parte, es la energía masculina que se encuentra en el interior de cada mujer.

Todos los hombres poseen un ánima, y todas las mujeres un animus, es decir, todos tenemos una parte de nuestra psique que se comporta como un individuo de sexo opuesto al nuestro. La veracidad de este hecho psíquico se demuestra gracias a nuestra capacidad innata de incorporar elementos del sexo opuesto a nuestra personalidad. De hecho, en el plano físico, los hombres y las mujeres tenemos órganos que guardan gran similitud con otros del sexo opuesto, pero que no se han desarrollado del mismo modo ni cumplen la misma función. Es el caso del clítoris en la mujer, cuyos tejidos son similares a los del pene; y los pezones en el hombre, que carecen de la función nutricia que tiene el pecho de la mujer.

La contraparte sexual exhibe una característica muy importante, y es que posee una "personalidad" exactamente opuesta a las características más visibles de nuestro temperamento. Esto quiere decir que por ejemplo, una mujer fundamentalmente emocional tendrá en su interior un animus de carácter mental. Del mismo modo, un hombre de negocios bien asentado en el mundo material, tendrá dentro un ánima intuitiva y fervorosamente espiritual.

Aunque todos tenemos esa contraparte de sexo y características opuestas a nosotros, pocas son las personas capaces de reconocer su existencia. La cultura occidental extrovertida niega esta realidad, y de hecho persigue cualquier intento de exploración interior o de conexión con la contraparte sexual. Pero por más que se intente ocultar, esta parte de nuestra psique existe, y emerge a la superficie en cuanto tiene oportunidad.

El ánima o animus suele aparecer en los sueños, en forma de personas fascinantes del sexo contrario, lo que provoca en nosotros fuertes emociones tanto en el plano sentimental como erótico. Esto se debe a que las defensas psíquicas están bajas durante el sueño. De este modo, las normas sociales o familiares sobre lo que está bien o mal dejan de tener fuerza, y esto permite que los diversos contenidos reprimidos de la psique emerjan con total libertad.

Pero al despertar del sueño, las defensas vuelven a erigirse y surge de nuevo la represión. Así, borramos los sueños perturbadores de la memoria. Volvemos a identificarnos con nuestro yo, o lo que es peor, con lo que nos han dicho que debe ser nuestro yo. Por este motivo, muchos hombres piensan que si descubren su parte más sensible van a perder su virilidad y serán objeto de burlas, mientras que muchas mujeres renuncian a ser fuertes y decididas por temor a ser tildadas de "marimachos".

Nada hay más erróneo que lo anterior, pues la identidad sexual no tiene nada que ver con la necesidad que todos tenemos de integrar nuestro complejo mundo interior. Lo queramos o no, todos debemos integrar esa contraparte para llegar a ser personas más completas y sanas. Un hombre que descubre su sensibilidad se hace más rico interiormente, del mismo modo que una mujer que es capaz de invocar su fuerza interior gana en matices.

Con todo lo explicado hasta el momento, es probable que hayas empezado a encontrar la respuesta a la primera pregunta que se formulaba al inicio de este capítulo, es decir, ¿por qué nos enamoramos de una persona determinada y no de otra? Evidentemente, amamos a alguien que está relacionado con nuestra contraparte sexual interior. Pero ¿cómo se produce realmente el enamoramiento? El proceso requiere una explicación más detallada que vamos a dar a continuación.

EL REINO DE LAS PROYECCIONES

Los mecanismos defensivos que separan la contraparte sexual de nuestro yo existen por una razón: alejar de la conciencia aquellos elementos de la personalidad que consideramos indignos, desestabilizadores o peligrosos. Por ejemplo, si a una persona le han enseñado que no debe expresar sus emociones, tenderá a reprimirlas. Pero como la emoción está presente en todos nosotros, ya que es un instinto natural, esa necesidad de expresión permanecerá en su interior. Aparentemente estará sofocada, reprimida, pero en realidad vive y exige manifestarse.

La represión, tanto de los distintos elementos de la psique como de sus contenidos, y el deseo natural de éstos por emerger a la superficie, crea una lucha constante en nuestro interior. Esta lucha se puede presentar bajo diversas formas, directamente relacionadas con los diversos mecanismos de defensa que estén en juego. Estos mecanismos de defensa, que representan el procedimiento represivo de la mente consciente, se conocen con los siguientes nombres: negación, represión, proyección, sublimación y compensación.[1] De todos estos mecanismos de defensa, el más importante en el terreno de las relaciones es el de la proyección.

Para entender el mecanismo de la proyección podemos recurrir a un ejemplo muy sencillo. Imagina un proyector, como los que se utilizan en las salas de cine, que está reproduciendo una película en una habitación oscura. Del proyector surge un haz de luz que atraviesa el aire y que se amplía a medida que aumenta la distancia.

---

1. Para una descripción más detallada de todos estos mecanismos y su relación con diversas zonas de la psique, te recomiendo que leas el capítulo 13 de mi libro *Cómo entender su Carta Astral*, publicado por Llewellyn Español.

Si observamos ese haz desde un lateral, percibiremos que se trata de una luz oscilante, pero seremos incapaces de determinar qué imágenes están siendo proyectadas. Del mismo modo, si nos situamos frente a ese cono luminoso y miramos hacia su fuente, seguramente nos deslumbraremos y no podremos ver nada concreto en la luz. Pero si uno se sitúa detrás del proyector, es decir, si es uno quien emite las imágenes, está en la mejor disposición para poder apreciarlas.

Pero aunque estemos bien situados, nos falta aún un elemento fundamental. Y es que para que la película sea vista, debe existir frente al proyector una pantalla donde las imágenes emitidas se reflejen en forma adecuada. Esta pantalla debe estar situada a la distancia correcta. Es decir, ni muy cerca, ya que la imagen sería diminuta y apenas visible, ni muy lejos, pues los rayos luminosos perderían fuerza antes de llegar a ella y no se reflejarían. La imagen debe estar correctamente enfocada, porque de lo contrario se apreciaría de forma borrosa y carecería de sentido.

Cuando funciona el mecanismo de la proyección psicológica, lo hace de un modo muy similar que podría resumirse con la siguiente expresión: "yo soy el dueño de mi película, es decir de mis contenidos mentales particulares, pero como no soy capaz de reconocer esos contenidos en mí mismo, los proyecto sobre ti, que eres mi pantalla perfecta". Por tanto, lo que vemos en los demás, y sobre todo aquello que nos causa profunda fascinación o rechazo, es, en gran medida, una proyección de nuestros contenidos mentales. No vemos entonces la pantalla, sino la película que proyectamos en ella.

Cuanto más visceral sea el sentimiento que alguien nos provoque, más seguros podemos estar que nos encontramos ante una proyección. Los enamoramientos súbitos, que suelen venir acompañados de un gran despliegue de emociones descontroladas, se suelen producir a partir de una proyección masiva de elementos mentales internos. Del mismo modo, los odios profundos y la repulsión que nos puede causar una persona, tienen el mismo origen. En el primer caso se proyecta lo más deseable, los extremos más luminosos del ánima o el animus, mientras que en el segundo, son los elementos más sombríos emitidos hacia el exterior.

Estos sentimientos forman parte de la experiencia humana, y no debemos sentirnos culpables por experimentarlos. De hecho, nadie está totalmente libre de hacer proyecciones, porque nadie alcanza la perfección en esta vida. Pero lo deseable es que, a medida que nuestra conciencia aumenta, las proyecciones se reduzcan en número e intensidad. Lo importante es ser capaces de detectar la proyección, observar de dónde viene, cuál es su origen interno y luego dejarla a un lado, para poder así ir al encuentro de la otra persona y valorarla tal como es, no como imaginamos que debería ser.

Por otro lado, no todo es falso en las proyecciones. Volviendo al ejemplo anterior, el haz de luz de nuestro proyector tiene que alcanzar una superficie adecuada para que la imagen pueda ser vista con nitidez. Cuando proyectamos nuestros contenidos inconscientes en una persona concreta y no en otra cualquiera, generalmente se debe a que ésta tiene algunas características que la hacen apta para recibir esa proyección. Pero junto a esta relativa verdad, debemos recordar que hay siempre una gran dosis de fantasía.

En las primeras proyecciones del cinematógrafo, que se celebraron en París en 1895, los hermanos Lumière exhibían una película que mostraba la llegada del tren a una estación. Según las crónicas de la época, cuando los espectadores veían cómo la locomotora avanzaba hacia ellos, se sentían presas del pánico, gritaban y saltaban de sus asientos por temor a ser arrollados.

A nosotros, personas modernas, habituadas al mundo audiovisual, esta reacción nos puede mover a la risa. Todos sabemos que lo que se proyecta en la pantalla no es más que una ilusión. El cine es una serie de fotografías presentadas de un modo sucesivo y a una velocidad determinada, que sólo aparentan tener movimiento al ser procesadas por nuestro cerebro. Así que nadie confunde ya un tren real con la imagen proyectada de un tren. Y sin embargo, nosotros que nos burlamos de la confusión sufrida por aquellos espectadores, estamos proyectando constantemente nuestros contenidos inconscientes sobre otras personas y, lo que es peor, ¡creemos que nuestra proyección ilusoria es la realidad!

El mundo de las relaciones es, sin lugar a dudas, el auténtico reino de las proyecciones. Así, el hombre rígido y cerebral proyecta su ánima emocional sobre una mujer sensible y cariñosa. Pero cuando ella decide desarrollar su vida laboral, desarrollando más competitividad y eficacia, él se queja de que esos elementos que amaba, han desaparecido. Pero si él fuera capaz de retirar sus proyecciones, sería capaz de verla como lo que realmente es: un ser humano que está ampliando sus horizontes y que se está desarrollando, no como una mera pantalla donde volcar sus deseos interiores.

Desarrollo del arquetipo sexual

La conciencia, el deseo de crecimiento interior, son muy importantes en el desarrollo de las relaciones sentimentales. A medida que nos desarrollamos como personas y crecemos en experiencias y en sabiduría, la relación con la contraparte sexual interior también se va modificando. El cambio es gradual, pero significativo, y tiene un efecto positivo en las relaciones de pareja, ya que como hemos dicho, las relaciones con los demás son en gran medida un reflejo de la relación que mantenemos con nosotros mismos.

Los arquetipos no son inamovibles, van madurando a medida que desarrollamos la conciencia, y pasan por diversas fases. En el caso del hombre, el desarrollo del ánima se puede resumir en estas cuatro etapas:

- ◆ La mujer primitiva, muy genitalizada. En esta fase, todo el interés se vuelve hacia los órganos sexuales de la mujer, considerando al resto de la persona como un "accesorio".

- ◆ La mujer romántica, donde se erotiza toda la imagen femenina, sin excluir los genitales. Existe aquí una enorme carga estética, por lo que se siente una gran atracción hacia las mujeres hermosas, restando valor a otros aspectos internos.

- ◆ La mujer-madre, donde se evocan sentimientos de veneración a lo femenino. Aquí se persive a la mujer como portadora de unos profundos sentimientos que se reflejan no sólo en el amor hacia el hombre, sino en la capacidad de dar la vida a un nuevo ser. La fuerza emocional de este símbolo es muy grande para el hombre, por lo que aquí se mezclan la atracción erótica y el deseo de ser objeto de un amor incondicional como el que sienta la madre por su hijo.

◆ La *Sapientia* o *Sophia*, es decir, la máxima representación de la sabiduría femenina. Aquí el ánima está casi totalmente vacía de sus contenidos más fascinantes y se convierte en una compañera que nos invita a buscar el conocimiento espiritual. Las mujeres dejan de ser vistas en su dimensión terrenal y se asemejan más a su verdadera realidad, la de seres espirituales temporalmente encarnados en un cuerpo físico.

De manera paralela, el arquetipo del animus tiene en la mujer diversas etapas de desarrollo:

◆ El hombre salvaje, que se simboliza a través de varones musculosos, deportistas, a los que se supone dotados de un gran poder físico y fuerte actividad sexual. Históricamente, este arquetipo ha sido muy reprimido en la mujer, pero en los últimos años se manifiesta con gran fuerza, sobre todo entre las más jóvenes.

◆ El hombre aventurero o romántico, en donde se admira el valor o la sensibilidad. El aventurero es el cazador, el héroe, alguien capaz de proteger a su amada ante los peligros del mundo. El romántico, en cambio, es el poeta, el artista, un hombre dulce y delicado al que la mujer siente deseos de cuidar. En ambos casos se da una ambivalencia entre la necesidad de ser protegida y de proteger, lo que no es sino un remedo de las relaciones entre padre-hija o madre-hijo.

◆ El hombre líder, en donde el animus se convierte en portador de la palabra. Es el político, el profesor, el sacerdote, es decir, un hombre capaz de dar respuesta a las inquietudes vitales de la mujer y que en ocasiones es capaz de galvanizar sus impulsos en el plano político, social o religioso. Aquí desaparecen los impulsos carnales o emocionales y se transforman en auténticos intereses intelectuales.

♦ El *Logos*, que es la encarnación del más profundo significado de la sabiduría masculina. Aquí la palabra y la teoría se convierten en acción, y por eso éste es el estrato de los auténticos maestros espirituales, de los místicos. Aquí la religiosidad convencional se convierte en profundo impulso espiritual. Pero no nos engañemos, quizá el hombre que encarna al Logos no sea un santón o un gurú que se retira a las montañas, sino una persona de la calle, que intenta vivir conscientemente en medio de la realidad cotidiana. El Logos es espíritu viviendo en la materia y tiene sus más altas representaciones en personajes de la talla de Jesús o Buda. Como en el caso de la *Sapientia*, una mujer que alcanza el Logos dentro de sí es capaz de ver a los hombres como seres espirituales.

Como puedes ver, en la medida que adquirimos conocimientos y los aplicamos en nuestra vida, es decir, en la medida en que evolucionamos, nuestras relaciones cambian.

Es muy importante tener en cuenta que una vez que se alcanza un determinado conocimiento, ya no hay forma de dar marcha atrás. Por ejemplo, cuando uno empieza a reconocer sus proyecciones, no puede ignorar ese hecho, y toda su vida empieza a cambiar a partir de aquí. En otras palabras, el conocimiento es curativo y sus efectos se notan en diversos niveles de nuestra personalidad.

Por otro lado, existe un hecho bastante común, y es que cuanto mayor es el nivel de crecimiento interior, mayor facilidad encontramos para relacionarnos con un núcleo más amplio de personas. Esto se debe a que nos volvemos más tolerantes y comprensivos, menos preocupados por cuestiones sin importancia y, sobre todo, menos cegados por la luz de nuestras proyecciones mentales. A medida que la visión se hace más amplia, aprendemos a aceptar la diversidad en las personas, a querer a los demás con mayor generosidad, pero sin perder la autoestima.

La capacidad de ser más generosos y abiertos no significa aceptar automáticamente todo el que se cruza en el camino. En realidad, lo que sucede es que aprendemos a conocer mejor a los demás, y por tanto logramos mayor capacidad para reconocer a aquellos que pueden hacernos daño, así como a aquellos que pueden proporcionarnos más felicidad.

Aquí vuelve a entrar en escena el mito del alma gemela, esa idea de que en algún lugar hay una persona especial, predestinada para nosotros y que encaja en nuestra vida a la perfección. Tras muchos años haciendo análisis sinástricos, nunca he encontrado a dos personas cuyas cartas astrales encajaran a la perfección. En todos los casos, incluso en aquellos que presentaban un alto grado de compatibilidad, hay elementos de dificultad. Pero también es cierto que tampoco he encontrado dos cartas que fueran totalmente incompatibles, en las que no hubiera un resquicio para la esperanza.

Hay una enseñanza muy importante que se puede extraer de este hecho, y es que toda relación requiere un trabajo mutuo para poder funcionar y dar sus frutos. Todo lo que de verdad merece la pena requiere un esfuerzo, ya que las relaciones "fáciles" no existen, a menos que uno desee vivir una unión totalmente superficial.

Como contrapartida, aquellas relaciones que han exigido mucho trabajo mutuo son las que procuran mayor felicidad, y generalmente son también las más duraderas. Este trabajo no es sencillo, y en ocasiones tampoco es agradable. Requiere, en primer lugar, ser capaces de mirarnos en el espejo, de incrementar nuestro conocimiento acerca de nosotros mismos. Luego, debemos aplicar ese conocimiento a la vida cotidiana con nuestra pareja, y será entonces cuando descubramos que los resultados compensan con creces cualquier esfuerzo.

Los misterios del amor pueden disiparse en gran medida a través del conocimiento interior y de los demás. En esta tarea, la Astrología se presenta como una de las mejores herramientas a nuestro alcance. En los próximos capítulos analizaremos ampliamente el mundo de las relaciones desde el punto de visto astrológico. En ellos encontrarás una gran cantidad de información útil para mejorar tus relaciones, ya que si la Astrología existe, es precisamente para traer conocimientos prácticos a nuestra vida, y a través de ellos, la felicidad que sin duda merecemos.

Capítulo 2

Los signos y las casas en sinastría

En el presente capítulo como en el siguiente, vamos a estudiar el significado de los diversos elementos astrológicos en el contexto de la sinastría. Es muy importante leer atentamente esta información antes de lanzarte a analizar tu Carta Astral y la de tu pareja, ya que estos datos son básicos para poder emprender cualquier estudio.

No es necesario memorizar esta información, pero si comprenderla, ya que en cualquier momento puedes volver a ella y refrescar tus conocimientos. En Astrología es muy importante "entender" los conceptos, y no repetir fórmulas gastadas por el uso. Las interpretaciones que aquí se ofrecen son siempre a título orientativo, ya que debes ser tú quien haga tu propio análisis, porque nadie mejor que tú conoce tus relaciones.

Para poder realizar un análisis sinástrico completo se necesitan las Cartas Astrales de ambas personas. Si no dispones de las dos Cartas, siempre puedes consultar las posiciones planetarias en unas efemérides. No es un método muy exacto, pero puede ser válido en muchos casos. En cualquier caso, si lo que deseas analizar es una relación seria, te recomiendo que trabajes con datos precisos. Los cálculos que se realizan en este libro son muy sencillos, pero por su propia sencillez, deben ser realizados con cuidado, para evitar errores que lleven a malas interpretaciones.

Por otra parte, es muy recomendable hacer un análisis previo de cada carta, aunque sea de un modo somero, por lo que te recomiendo la lectura de mi libro *Cómo entender su Carta Astral* publicado por Llewellyn Español. De este modo no sólo podrás hacerte una idea de ambos temas natales, sino que adquirirás conocimientos más extensos acerca del significado de los diversos elementos de la Carta Astral y de la Astrología en general. Lo que sigue a continuación es un resumen de esta información aplicada al análisis sinástrico.

LOS SIGNOS EN LA CARTA ASTRAL

En Astrología trabajamos con las diversas energías celestes y su influencia o sincronía con los sucesos de nuestras vidas individuales. Estas influencias se simbolizan en la Carta Astral, que es una representación de los cielos tal como podían verse en el momento del nacimiento de una persona.

La carta astral está formada por diversos elementos, que pueden agruparse en cuatro categorías fundamentales:

- Los signos, que son doce segmentos del cielo, de tamaño igual, que sirven como sistema de referencia para medir el movimiento planetario.

- Las casas, que proyectan en el cielo la posición de la Tierra en el momento del nacimiento, permitiéndonos saber qué planetas están sobre el horizonte visible o por debajo de él.

- Los planetas, que son los diez cuerpos celestes que se mueven en el sistema de signos y casas.

- Los aspectos, que indican las relaciones que se establecen entre los planetas, es decir, si dos planetas determinados se relacionan de un modo fluido o tenso.

De este modo, la posición de cualquier planeta en la Carta Astral se mide con respecto a dos sistemas de referencia:

- La posición zodiacal, que comprende los doce signos del zodiaco.
- La posición mundana, que sitúa a los planetas en las doce casas.

Mientras la posición zodiacal nos permite situar a cualquier planeta en los cielos de un modo general, la posición mundana ubica al planeta de acuerdo al horizonte local, es decir, tal y como podía observarse en el lugar concreto donde una persona ha nacido.

Los signos y las casas son muy importantes en Astrología y conviene conocer sus características, pues como es evidente, todos tenemos a los doce signos y las doce casas en nuestra Carta Astral y sus influencias están presentes en nosotros y en nuestras relaciones.

Una forma muy sencilla de entender la naturaleza de los signos astrológicos es a través de sus características. A los efectos del análisis sinástrico, estos caracteres se pueden dividir en dos conjuntos, que combinados dan origen a las energías de los doce signos:

- Los elementos o triplicidades: Fuego, Tierra, Aire y Agua.
- Las cualidades o cuadruplicidades: Cardinal, Fijo y Mutable.

Los Elementos definen la cualidad de nuestra energía vital, es decir, si es apasionada (fuego), estable (tierra), mental (aire) o emocional (agua). Por otra parte, las Cualidades indican cómo se expresa esa energía en la vida cotidiana.

A continuación vamos a analizar detalladamente las distintas características que dan forma a las energías de los signos. Los elementos y las cualidades son muy importantes a la hora de interpretar la compatibilidad entre personas, como veremos más adelante.

Los signos de fuego (Aries, Sagitario y Leo)

La energía del fuego es de naturaleza activa y entusiasta. Su divisa es la vitalidad y por ese motivo, estos signos buscan estar siempre en el centro de la acción. El fuego es aventurero y optimista, pero su afán de avanzar suele estar inspirado por un intenso idealismo, no por el deseo de hacer fortuna.

El fuego, debido a su entusiasmo y desprecio del peligro, se enfrenta a las dificultades y pretende derribar cualquier barrera. No siempre logra lo que se propone, porque olvida que en muchas ocasiones es mejor rodear los obstáculos que enfrentarse a ellos.

Este es un elemento creativo, interesado en el trato humano, pero que en muchas ocasiones se vuelve abrumador e inconstante. Todo lo nuevo le llama con fuerza y por eso puede cambiar de intereses sentimentales con demasiada facilidad. El fuego es un gran instigador, sabe animarse y dar ánimos a los demás y esa es una de sus mayores virtudes en las relaciones.

Los signos de tierra (Tauro, Virgo y Capricornio)

La energía de la tierra es, como podemos suponer, estable y determinada. Los signos terráqueos están firmemente asentados en el suelo y se preocupan de la realidad inmediata, ya que están en permanente contacto con los sentidos físicos.

La perseverancia es sin duda una de sus mayores cualidades. En las relaciones, las personas con un fuerte componente terráqueo saben soportar los conflictos y mantenerse fieles a su pareja. Mientras el suelo no tiemble con demasiada violencia bajo sus pies, ellos seguirán estables en su posición, sin renunciar a sus metas ni a sus principios morales.

La tierra se autodefine como "realista", aunque otros elementos la tachen de "materialista". En realidad, para esta energía, la realidad es la materia y no ven nada de malo en defender sus posesiones, actuando generalmente de un modo conservador. Los signos de tierra corren el peligro de ser demasiado testarudos y dogmáticos y es importante que se mezclen con personas muy diferentes a ellos, pues eso les dará una visión más amplia de la realidad.

Los signos de aire (Géminis, Libra y Acuario)

El aire es un elemento difícil de atrapar y su principal virtud es la de ser una energía libre y fresca, que busca continuamente la renovación. Los signos de aire necesitan movimiento y cambio, y suelen ser sanamente extrovertidos.

El mundo mental, tan etéreo y libre, está hecho para los signos de aire y por eso se mueven con facilidad entre ideas, estudios e investigaciones. Tienen una gran capacidad para expresar lo que piensan y sienten, pero fallan a la hora de relacionarse con los demás en un nivel emocional profundo. De hecho, el principal conflicto del aire en las relaciones consiste en su aparente frialdad, que otros elementos más emocionales le echarán en cara constantemente.

No es el que el aire no tenga sentimientos, es que simplemente necesita racionalizarlos para poder convivir con ellos. Esto les resta mucha espontaneidad, y les causa grandes conflictos cuando han de enfrentarse a las explosiones emocionales de los demás. Alcanzar un mayor nivel de empatía emocional y encontrar nuevas vías de expresión son los retos que deben enfrentar estos signos.

Los signos de agua (Cáncer, Escorpio y Piscis)

El agua es uno de los elementos fundamentales de la vida en la Tierra. Como es bien sabido, nuestro cuerpo es agua en un setenta por ciento, y nuestro planeta Tierra está compuesto por agua en la misma proporción.

El agua es sentimiento, sensibilidad psíquica, fertilidad. Es la energía que más se relaciona con el sentimiento de empatía, es decir, con la capacidad de ponerse en el lugar del otro, de sentir su sufrimiento o su alegría. La compasión con los sufrientes, la comprensión de sus emociones, es una característica fundamental de este elemento. En las relaciones, los signos de agua buscan fundirse con la pareja, hacerse uno con ella, del mismo modo que el agua natural llena los huecos de cualquier recipiente.

La profundidad emocional del agua hace que estos signos sean difíciles de entender por las personas más racionales. Son signos vulnerables, que pueden resultar heridos con facilidad, y por tanto se protegen de las agresiones del mundo exterior. Del mismo modo que son signos sensibles, también pueden ser manipuladores. Si los sentimientos no están guiados por la ética, pueden dar lugar a excesos como la codependencia o el chantaje emocional. La energía acuática sirve para conectar con las emociones propias y ajenas, pero hay que ser precavidos para evitar caer en sus extremos más negativos.

Conocidos los elementos y sus energías fundamentales, analizamos a continuación el otro conjunto de características planetarias: las cualidades cardinal, fija y mutable.

Los signos cardinales (Aries, Cáncer, Libra, Capricornio)

La energía cardinal se mueve por el deseo de actuar, de abrir camino. Es la potencia y la ilusión que nos hacen avanzar en los inicios de cualquier actividad. En sinastría, los signos cardinales se comportan de un modo activo y decidido. Son emprendedores a la hora de comenzar una relación, pero les cuesta trabajo mantener el esfuerzo y el entusiasmo.

Aries es fuego cardinal y por tanto, se lanza a la aventura sentimental con más ardor que ningún otro signo. Su impulsividad le procurará algunas decepciones, pero él no cejará en su empeño y seguirá creyendo en el amor a pesar de los fracasos.

Cáncer, el signo cardinal acuático, no es tan impulsivo como el fogoso Aries, pero sabe abrirse camino para alcanzar sus objetivos sentimentales. Cáncer es la conciencia emocional en las emociones, y sobre todo el sentimiento de formar parte activa de algo, sea una familia o una relación. Libra, en cambio, es aire, y por tanto se preocupa mucho por la ética y la armonía en las uniones.

Libra establece muchas relaciones sociales, y en ellas se desenvuelve bien gracias a su elegancia y dominio del lenguaje. Siendo terráqueo y cardinal,

Capricornio persigue con tenacidad sus objetivos y lo hace en el ámbito social. Es determinado en las relaciones, pero sus objetivos no son siempre de carácter sentimental. Una unión provechosa es tan importante como una relación apasionada.

Los signos fijos (Tauro, Leo, Escorpio, Acuario)

La energía fija es persistente y determinada. Los signos que comparten esta cualidad avanzan por la vida sin preocuparse de los conflictos que puedan surgir a su alrededor. En las relaciones, la energía fija permite perseverar a pesar de los problemas, forjando así uniones más duraderas. Sin duda, el principal problema de la cualidad fija es la rigidez y la inflexibilidad, que le impiden acometer los cambios que la vida nos exige en ocasiones.

Tauro es un signo de tierra, y es por tanto la máxima expresión de la cualidad fija. En las relaciones, este signo es tranquilo y amante de los placeres sencillos. Es un signo fiel, pero detesta los cambios y puede caer en los extremos de la posesividad o los celos.

Leo, el signo fijo de fuego, es expresivo y dominante en sus relaciones. Sabe crear un ambiente cálido y estable, pero necesita sentirse admirado y aplaudido en todo momento.

Escorpio es un signo de agua que busca la estabilidad sentimental. Su inmovilidad es sólo aparente, porque en realidad él vive sumergido en las emociones más profundas, que son en general, las más complicadas y dolorosas.

Acuario pertenece al elemento aire, y es el más apegado a sus opiniones de todos los signos aéreos. En las relaciones introduce un elemento humanitario y amistoso, que busca perseverar en la unión, pero sin demostrar una gran profundidad emotiva.

Los signos mutables (Géminis, Virgo, Sagitario, Piscis)

Los signos mutables son adaptables, y se mueven con soltura en los momentos de incertidumbre y cambio. Las personas con esta energía activa en su Carta saben relacionarse con los demás de un modo directo y comprensivo, pero en muchas ocasiones cambian de intereses sentimentales con demasiada facilidad, ya que carecen de una dirección clara donde dirigir sus pasos. La energía mutable es pulsante, avanza y se retira, y nunca se sabe cuál será su próxima meta.

Géminis es el signo mutable de aire, y por esto expresa mejor que ningún otro la naturaleza de esta cualidad. Es versátil e inquieto, pero a veces le falta profundidad en sus planteamientos. En las relaciones, este signo es expresivo pero inconstante, y necesita llegar a un entendimiento intelectual con su pareja.

Virgo, la tierra mutable, ayuda a este signo a aunar la paciencia y la disciplina con una gran variedad de intereses materiales. Virgo se preocupa mucho por los detalles, y puede ser algo agobiante en ese empeño, pero sin duda, es el más fiel de los signos mutables.

Sagitario es fuego mutable, y por eso este signo es amante de las aventuras, tanto físicas como espirituales. En una relación, Sagitario tiene grandes inquietudes intelectuales, y desea compartir sus ilusiones y proyectos con todos.

Piscis está bajo el dominio de sus mutables sentimientos, lo que hace que su energía oscile sin control entre lo interno y lo externo, por lo que puede amar u odiar con la misma facilidad. En cualquier caso, este signo es el más compasivo de todo el zodiaco.

LAS CASAS EN SINASTRÍA

Como se deriva de su propio origen (vinculado a la Tierra y al lugar concreto donde hemos nacido) las casas indican el ámbito concreto donde tienen lugar las experiencias vitales. En ellas, la energía celeste de los signos, filtrada por los planetas, se hace concreta y tangible, influyendo de un modo decisivo en nuestra vida cotidiana.

El significado de las casas en sinastría se deriva directamente de su simbolismo astrológico convencional. De este modo, las oposiciones entre casas son muy importantes a la hora de definir su campo de actuación. Así que si la primera habla de la imagen que proyectamos al exterior, la séptima, que es su opuesta, nos indica el impacto que las imágenes de los demás causan en nuestro interior.

A continuación vamos a describir el significado de las doce casas astrológicas en el mundo de la sinastría. Lógicamente, hay algunas casas cuyo simbolismo atañe de un modo más directo al área de las relaciones, como pueden ser la uno, la cinco, la siete y la once. Pero realmente todas tienen alguna influencia en nuestra percepción del amor y merecen ser analizadas con detalle.

Casa Uno

La primera casa es una de las más importantes de la Carta Astral y tiene también un valor destacado en el análisis de la sinastría. Simboliza la impresión que causamos a los demás, nuestra cara más visible, aquella por la que se nos reconoce en un primer encuentro. Esta imagen externa es muy importante a la hora de relacionarnos con los demás, ya que para muchas personas no seremos otra cosa que nuestra máscara. En los procesos de enamoramiento, las máscaras favorecen las proyecciones y pueden inducir a errores de apreciación muy importantes.

A menos que el Sol esté en esta casa, existirá cierta diferencia entre la cara que mostramos a los demás y la idea que tenemos acerca de quiénes somos realmente. No se trata de que representemos un falso papel, sino que la impresión que uno da no siempre coincide con la imagen que tenemos de nosotros mismos. Es por tanto muy importante conocer esta casa y usarla de modo que sea una expresión genuina de nuestra personalidad.

La cúspide (inicio) de la casa uno, coincide con la posición del Ascendente, y por tanto los significados de esta casa son los mismos que los del signo ascendente.

Casa Dos

La casa dos habla de valores y también del dinero ganado gracias al esfuerzo personal. En las relaciones sentimentales serias, que exigen un alto grado de compromiso, los valores compartidos son muy importantes. Las discrepancias entre personas son normales, pues todos somos diferentes, pero la ética o la moral propias, el concepto más básico de lo que está bien y lo que está mal, deben ser compartidos en el seno de una unión, y es aquí donde el simbolismo de la casa dos se presenta en todo su valor. Por otra parte, las cuestiones económicas no dejan de tener su relevancia en el desarrollo de una relación armónica.

Casa Tres

La comunicación es muy importante en las relaciones humanas y la casa tercera es el dominio en el que se producen los intercambios verbales. Este es el dominio de la rutina, del trabajo cotidiano y de los familiares más cercanos —hermanos, cuñados o primos—. La casa tres es un buen indicador de cómo vivir la existencia cotidiana, las costumbres que enriquecen o degradan una relación. En el plano mental, señala los patrones habituales de pensamiento, las opiniones que se dan por sentadas y que si no se revisan pueden crear dificultades en el trato con los demás. Sin duda, se trata de una casa muy importante en las relaciones humanas.

Casa Cuatro

La casa cuatro representa el hogar, los orígenes y la familia. En las relaciones, indica las raíces comunes de ambas personas. En algunas circunstancias, puede ser positivo tener unos orígenes similares para llegar a un buen entendimiento mutuo, y la realidad es que la mayor parte de la gente se une a personas de su entorno más cercano, aunque fenómenos como la globalización y los nuevos medios de comunicación pueden cambiar esta tendencia. En cualquier caso, cuando se produce una unión seria entre dos personas, surge el deseo de crear un hogar común e incluso de formar una familia. La casa cuarta gobierna estas necesidades tan importantes.

Casa Cinco

La casa quinta es una de las más importantes en sinastría. Representa el amor, la expresión afectiva, la creatividad y también los hijos. Aunque en el pasado su significado solía estar asociado a las relaciones románticas más efímeras, en el presente tenemos claro que ninguna relación puede prosperar si no se renueva constantemente el romance y la seducción mutua. En otras épocas, el matrimonio (casa siete) era una institución sólida, en la que los sentimientos podían tener un papel secundario y en la que el compromiso era más parecido a un intercambio comercial que a una unión emocional. Actualmente vivimos en un tiempo donde no hay garantías sobre el futuro de cualquier relación, por lo que los valores de la casa cinco tienen más valor que nunca. Muchas personas, tras algunos años de matrimonio, añoran los románticos sentimientos del noviazgo, pero realmente es porque no se dan cuenta que tienen en su interior una casa cinco cuyos significados pueden evocar y utilizar en su matrimonio.

Casa Seis

La casa seis se vincula con el mundo de las obligaciones, el trabajo y las responsabilidades. En las relaciones de pareja hay también un gran espacio para las responsabilidades compartidas, no sólo en el mundo laboral, sino en el hogar, en la educación de los hijos o incluso en el propio desarrollo personal. Sin duda, los temas asociados a esta casa no son muy románticos y pueden parecer aburridos a las personas más sensibles. Pero la realidad es que estas cuestiones son más importantes de lo que puede parecer a simple vista. Por ejemplo, la distribución equitativa de las tareas domésticas dice mucho en favor de una pareja, porque implica una aceptación madura de los deberes que a todos nos atañen. La casa seis es la base estable que generalmente no se ve, pero que resulta muy necesaria para poder construir un edificio agradable donde vivir.

Casa Siete

La casa siete es una de las primeras en ser analizadas cuando se realiza una sinastría. Todas las casas tienen su importancia, pero no cabe duda que el simbolismo de ésta es crucial en las relaciones. Esta casa simboliza los encuentros y relaciones más significativas de la vida. Aquí dejamos de lado el "yo" para usar el "nosotros", ya que esta casa habla de relaciones en las que las personas se juntan para crear una unión sólida en donde haya una complementariedad. A diferencia de la casa cinco, aquí no se trata sólo de disfrutar con el otro, sino de fundirse con él y aceptar una cierta pérdida de libertad. La casa siete es la del compromiso serio, que puede convertirse en matrimonio o en una profunda y sincera amistad. Este es el lugar donde sentimos la presencia de los otros, y más concretamente del otro más cercano, de la pareja. Aquí recibimos también los efectos de sus proyecciones y es por tanto un área activa tanto en los períodos de enamoramiento como en las relaciones de larga duración.

Casa Ocho

El significado habitual de esta casa es la del dinero que viene de fuentes exteriores. En el matrimonio tradicional, la esposa tenía que subsistir con el dinero que le proporcionaba su cónyuge, pero actualmente esta situación ha cambiado, por lo que el significado antiguo de esta casa tiene poca aplicación en la sinastría. Por otra parte, la casa ocho se relaciona también con la muerte y los procesos de renovación. No se trata aquí de la muerte física, sino de los cambios drásticos que puede ocasionar una relación profunda. Las uniones implican transformaciones interiores y por este motivo muchas personas tienen miedo al compromiso. Exponer nuestra intimidad es siempre algo delicado, y en muchas personas el temor a las relaciones sexuales es una buena muestra de esta realidad. No en vano, la casa octava rige la sexualidad en aspectos tan concretos como el coito o el orgasmo, que son experiencias que requieren un entorno de confianza y seguridad para ser disfrutadas plenamente.

Casa Nueve

La casa nueve está directamente implicada en el mundo de las ideas y la conciencia. A diferencia de su opuesta, la tercera, que se ocupa del funcionamiento rutinario de la mente, así como de las ideas preconcebidas, la novena trata de la capacidad de crecer intelectualmente y de expandir nuestros conceptos. En una sinastría, la casa novena explica la capacidad de comunicación profunda entre dos personas, así como las ideas que pueden compartir y sus intereses filosóficos o religiosos. Ampliando su significado, podemos decir que la casa nueve nos habla también de los viajes de larga duración, o de aquellos que se hacen a países lejanos y que suelen tener un efecto muy profundo en nuestra conciencia. Los viajes realizados en compañía son una ocasión perfecta para cimentar una unión y darle a ésta un sentido profundo, que esté más allá de lo cotidiano.

Casa Diez

En sinastría, la casa diez retiene una parte de su significado original. Esta casa nos habla del mundo profesional, de las aspiraciones materiales y los negocios. En sinastría, señala los pasos que damos en nuestro desarrollo individual y común. Una parte de este desarrollo se da en términos de estatus social y reputación, y por eso esta casa indica también cómo se presenta la pareja ante la sociedad. El sentimiento de que debe haber un propósito, una finalidad en la unión es otra de las enseñanzas que extraeremos del análisis de esta posición, así como la dirección que se puede dar para alcanzar las metas materiales que ambos se han propuesto. Esta es la casa de la conciencia, así como de los objetivos concretos que deseamos alcanzar en la vida.

La cúspide (inicio) de la casa diez coincide con la posición del Medio Cielo.

Casa Once

La casa undécima habla de algo tan importante como la amistad y las relaciones sociales. En sinastría, esta casa tiene una gran importancia, porque evidentemente toda relación profunda debería estar fundada en un sentimiento de amistad y compañerismo. La pasión o el enamoramiento son episodios que sin duda tienen un gran valor en sí mismos, pero generalmente se trata de emociones de corta duración. Las relaciones duraderas y creativas deben desarrollar otros factores para poder sobrevivir en el tiempo y seguir proporcionando felicidad. Una de esas bases es la amistad y la capacidad de entender a la pareja como un compañero de viaje, y no sólo como un objeto de satisfacción inmediata. Los ideales comunes, los sueños y aspiraciones compartidos son otro de los significados de esta casa. Por otra parte, la pareja no debería ser un coto cerrado, sino que se enriquece en el contacto con otras personas y es aquí donde la casa once ejerce también su benéfica influencia.

Casa Doce

El dominio de la última casa del mapa natal es el reino de lo inconsciente. Aquí van a parar todas nuestras ideas e impulsos reprimidos, lo que en algún momento de nuestro desarrollo fue relegado al desván de la conciencia. Como es sabido, todo lo que está en nuestro inconsciente nos influye de un modo sutil pero efectivo. En una relación, los obstáculos que surgen del inconsciente son los más difíciles de resolver, ya que provienen de un mundo interior que solemos ignorar, pero que existe y debe ser conocido.

CAPÍTULO 3

LOS PLANETAS Y ASPECTOS EN SINASTRÍA

S i cuando hablamos de los signos y las casas, decimos que son el sistema de referencia dentro del cual situamos a los planetas, no cabe duda de que éstos últimos tengan una importancia capital dentro del análisis sinástrico. Por utilizar un símil de fácil comprensión, podemos imaginar la Carta Astral como un reloj, en el que los signos y las casas son los números, y los planetas las manecillas. Para conocer la hora, miramos la posición de las manecillas con respecto al círculo de los números. Pero no sólo los números tienen un significado definido, las manecillas también deben mirarse con atención, ya que como sabemos, la pequeña señala las horas, mientras que la mayor indica los minutos. Del mismo modo, cada planeta tiene un significado propio, que se ve modificado por la posición que ocupa con respecto al sistema de signos y casas. Nuestro reloj astral tiene por tanto doce manecillas, cada una con una mensaje específico. Ese mensaje, dentro del contexto de la sinastría, será analizado a continuación.

El Sol

El Sol es el planeta más importante de la Carta Astral, y dado que la sinastría es una técnica derivada del análisis de la Carta, este planeta ejerce también su dominio en el análisis y funcionamiento de las relaciones. Astrológicamente, el Sol representa la energía básica que hace funcionar cualquier elemento de la Carta. De hecho, si podemos ver los planetas en el cielo, es porque reflejan la luz del Sol, y es un hecho sabido que la vida en la Tierra depende completamente de la luz y el calor solares.

En las relaciones, el Sol señala cómo se desarrollarán las energías de ambas personas y qué dirección pueden tomar si actúan juntos. Hay parejas que deciden vivir en un núcleo cerrado, donde apenas se aceptan amigos o familiares. Otras en cambio, se abren a otras personas o a la comunidad que les rodea. Algunas se centran en la vida laboral, o en el cuidado de los hijos, mientras que para otras, las vivencias sentimentales tienen prioridad. Para conocer hacia dónde se dirigen las energías de la pareja contamos con el Sol como principal indicador.

El simbolismo solar indica también cuál es el propósito de la unión, las vivencias fundamentales que se desarrollarán en el seno de la pareja y cómo serán asimiladas por ambas personas. Nada es casual, y si dos personas sienten una atracción mutua, es porque obedecen a un plan de orden superior. Da igual si en la cúspide de ese plan situamos a alguna forma de divinidad o a un esquema evolutivo de carácter espiritual. Lo cierto es que en esta existencia todo parece tener un propósito, y es importante, si nos preocupa nuestro bienestar y el de los demás, que lo conozcamos y sepamos vivirlo plenamente.

El Sol indica con claridad si la relación será sencilla o compleja, si las personas involucradas se sentirán libres de expresarse tal como son, o si por el contrario encontrarán algún tipo de bloqueo. A través de él veremos si hay facilidades, y sobre todo si hay energía suficiente para superar los obstáculos que puedan presentarse en el camino compartido.

Del significado general del Sol se pueden derivar algunas otras manifestaciones en el plano de las relaciones humanas. La figura solar es uno de los arquetipos del padre y es por tanto una imagen de protección y cuidados. Representa la paternidad en su sentido más evidente, es decir, a través del hecho de tener hijos y criarlos; pero también en un plano simbólico, señalando los cuidados y el sentimiento de seguridad que debemos dar a nuestra pareja, independientemente de nuestro sexo.

El Sol es el símbolo del yo, y debe expresarse de un modo sano, reforzando nuestra personalidad así como el profundo sentimiento de ser individuos únicos, y por tanto valiosos. El hecho de que mantengamos una relación con otra persona no implica que debamos dejar de lado nuestra individualidad, ni que debamos renunciar a los sueños personales. Cada persona tiene su Sol, y a través de él un camino de perfeccionamiento individual que debe ser recorrido en su totalidad, ya que ese es el propósito de nuestra existencia.

Pero del mismo modo que nunca debemos perder de vista nuestro yo, es evidente que una relación íntima con otra persona implica buscar acuerdos, delimitar los espacios personales y aquellos que deben ser compartidos. Toda pareja debe negociar estos aspectos, sea de un modo consciente o por la fuerza de la costumbre. Es aquí donde un exceso de energía solar puede ser contraproducente, porque un yo demasiado inflado nos impedirá alcanzar puntos de encuentros con otras personas. Este es un extremo de la energía solar que siempre debemos vigilar.

LA LUNA

La Luna, compañera natural del Sol, es el segundo planeta más importante en el estudio de la sinastría. Este satélite natural representa el medio a través del cual se manifiestan las energías solares y es por tanto la matriz desde donde la semilla de una relación puede crecer hasta convertirse en algo sólido y resistente.

La relación evidente que existe entre la Luna y la maternidad se manifiesta claramente en la relación nutricia que una madre mantiene con sus hijos. La Luna es el referente fundamental a la hora de estudiar la relación que hemos mantenido con nuestra propia madre y que resulta tan importante en el desarrollo afectivo. Como veremos en el próximo capítulo, la Luna es el niño interior y ejerce una considerable influencia en las necesidades emocionales más básicas

En sinastría, la Luna simboliza además los sentimientos más básicos de una relación, aquello que origina el deseo de compartir nuestra existencia con otra persona. Porque a pesar de la existencia de un yo individual (el Sol) y de que cada uno de nosotros tiene un camino propio que seguir, con retos y recompensas específicas, el deseo de unirnos con otra persona sigue siendo un impulso muy fuerte en la vida.

La Luna representa por tanto el deseo de compartir con alguien las emociones fundamentales, que no son muy diferentes de las necesidades que un niño busca cubrir con su madre. La necesidad de fundirnos con otra persona nos lleva a dar y recibir nutrición emocional, sea de una forma física, a través de caricias, besos o abrazos, sea de una manera más indirecta, sintiéndonos aceptados, escuchados y comprendidos. Lógicamente, no podemos esperar que nadie nos acepte tal como somos si no estamos dispuestos a aceptar a la otra persona y por esto la Luna tiene un lado pasivo, receptivo, pero también debe tener una parte activa.

Este importante planeta astrológico, revela la capacidad de dar y recibir afecto. Es un canal de expresión emocional y señala con claridad si hay bloqueos en la expresión afectiva o si por el contrario, ésta fluye con facilidad. Expresar la naturaleza lunar es un reto complicado para todos nosotros, ya que supone revelar aspectos muy íntimos de la personalidad, aspectos que conectan directamente con las vivencias infantiles. Hay personas a las que les resulta fácil mantener relaciones sexuales con alguien al que acaban de conocer, pero sin embargo huyen del compromiso afectivo. Esto puede parecer sorprendente si no se tiene en cuenta que cuando se tiene un problema con la propia Luna, suele ser más fácil desnudar el cuerpo que el alma.

Debido a su conexión con la vida infantil, la Luna se asocia también a los hábitos y comportamientos de origen inconsciente. Es indudable que todas nuestras respuestas "automáticas" se forman en los primeros años de vida, en contacto con la familia, y en un momento en que somos especialmente moldeables. Los hábitos y costumbres así adquiridas son difíciles de cambiar y pueden ser una fuente de conflictos al iniciar una relación sentimental. Cualquier relación implica realizar ajustes, y éstos no siempre son fáciles de llevar a cabo. Cuanto mejor situadas estén las Lunas respectivas, mejores serán las posibilidades de llegar a acuerdos.

Por último, hay que indicar otro de los aspectos fundamentales de la experiencia lunar en la vida afectiva. Si bien el Sol muestra de un modo objetivo cuál es el tipo de relación que estamos viviendo y cuáles son sus retos fundamentales, la Luna aporta una visión subjetiva de la misma. Indica los sentimientos de unión, de empatía y armonía que podemos experimentar junto a otra persona. Esta cuestión es muy importante, porque si los sentimientos comunes no son satisfactorios, de nada sirve que la relación sea objetivamente constructiva. Los conflictos, el compartir la vida con una persona muy diferente a nosotros, pueden ser retos muy positivos que nos ayuden a crecer. Pero si en el fondo no hay un sentimiento de unión y que los problemas pueden ser resueltos en común, la relación no prosperará. Tratar correctamente los aspectos lunares es fundamental para hacer un juicio acertado de la sinastría.

MERCURIO

Si cuando hablábamos de la Luna nos referíamos a ella como el planeta de la "comunicación emocional", al llegar a Mercurio también debemos hablar de comunicación a otro nivel.

Mercurio no es, por su propia naturaleza, un planeta emocional y podría pensarse por ello que se trata de un cuerpo menor en sinastría. Nada más lejos de la realidad. Todos los planetas encarnan un determinado tipo de energía, y no hay ninguna energía planetaria sobrante o de menor valor. La comunicación mercuriana es de carácter mental, e implica tener ideas que decir y saber expresarlas correctamente.

Los conceptos que nos formamos de la realidad son muy importantes, ya que nuestra vida es, en gran parte, un reflejo de esas ideas. Como afirmaban los sabios de la antigüedad, la mente es creativa, y todo lo que alguien puede imaginar existe en el plano material. Las creencias son fundamentales a la hora de atraer a unas determinadas personas y deben ser estudiadas cuidadosamente.

Mercurio es un planeta muy cercano a la realidad de la vida cotidiana, ya que señala cómo nos comunicamos con los demás y cuáles son nuestros pensamientos. Su situación en la sinastría permite conocer si habrá una buena capacidad de entendimiento entre ambas personas. El diálogo sincero es fundamental en las relaciones, pero no se limita sólo a los aspectos sentimentales, sino que debe abarcar temas como los proyectos en común, los pequeños retos de la vida cotidiana, la charla intrascendente, o las opiniones sobre cuestiones éticas o políticas.

El intercambio verbal es fundamental para poder lograr un cierto acercamiento de las mentes, ya que de otro modo no podemos saber qué es lo que piensan los demás. Cada persona es un mundo, y suponer que nuestra pareja debe conocer nuestros deseos sin necesidad de que los verbalicemos claramente es un error que provoca graves daños en la relación. Cuando alguien actúa así, esperando que el otro le "lea el pensamiento", está renunciando a la energía de su propio Mercurio y le da la oportunidad que imagine lo que desee, que por lo general es algo bastante alejado de la realidad.

En ciertas ocasiones, las personas que forman una relación tienen un origen étnico, cultural o geográfico diferente. El empleo correcto de la energía de Mercurio es aquí de la mayor importancia. Pero incluso cuando dos personas provienen del mismo estracto social, el diálogo, la capacidad de hablar el lenguaje del otro es fundamental para crear una unión constructiva.

Venus

Si hay un planeta que viene a nuestra mente cuando pensamos en las relaciones de pareja, ése es sin duda Venus. Como podemos imaginar, la energía de Venus se relaciona con el amor romántico y con la habilidad de construir relaciones sentimentales profundas.

Una relación dominada por esta energía es muy emotiva, y sin duda puede convertirse en una experiencia inolvidable. Pero esto no quiere decir que las relaciones venusinas sean buenas o duraderas. Si fallan otros elementos de compatibilidad, la energía de Venus puede atraer a dos personas que sólo sean capaces de hacerse daño mutuamente.

La verdadera naturaleza de Venus representa una energía capaz de fundir elementos diversos en una unidad. Venus atrae a los opuestos de la misma manera que el polo norte de un imán atrae al polo sur de otro. De este modo, no es casual que al referirnos al amor empleemos términos como "atracción" o "magnetismo", ya que esa es la manera en que funciona la energía venusina.

Para vivir de un modo positivo esta energía, hay que comprender que para poder fundirnos con otra persona debemos antes tener bien definida nuestra personalidad y límites, en definitiva, que hay que ser uno mismo para poder amar verdaderamente al otro. Si intentamos cambiar nuestra forma de ser para complacer a otros, estamos renunciando al auténtico poder de Venus.

Venus busca unir a las personas, y en una sinastría señala las vías en que podemos expresarnos a través del amor y los sentimientos. En la Astrología clásica se suele decir que Venus gobierna la sensualidad mientras que la acción de Marte se da en el plano sexual, pero quizás sea esta una idea que se aleja de la visión actual sobre la experiencia sexual.

Según los estudios de sexólogos más reputados, no hay razón para establecer una división neta entre la emotividad profunda y la actividad erótico-sexual. Como es sabido, la vivencia afectiva de la mujer suele unificar todos estos aspectos y cada vez es mayor el número de hombres que reconocen sentirse más satisfechos con un tipo de sexualidad que no esté dirigida exclusivamente hacia el coito.

En la experiencia sexual sana se suceden los episodios activos y pasivos, el deseo de dominar y la necesidad de fundirnos con nuestra pareja. En el plano astrológico, las energías receptivas se relacionan con Venus, mientras que las activas corresponden a la fuerza de Marte.

MARTE

Del mismo modo que todos tenemos un Sol y una Luna, todos poseemos también nuestro Venus y Marte. Si Venus representa la evolución de la energía lunar desde la relación materno-filial a la relación amorosa adulta, Marte se relaciona con el significado y simbolismo del Sol.

Marte es el encargado de proteger y reforzar nuestro yo-solar y para ello emplea todos los recursos que están a su alcance. De él surgen las reacciones de defensa ante lo que podemos sentir como un ataque exterior, y gracias a su energía nos ponemos a salvo ante la agresión o el peligro.

Se relaciona a Marte con la violencia y los arrebatos pasionales, pero esta versión tan negativa de la energía marciana, sólo puede surgir a partir de una mala asimilación de sus potencialidades. Dentro de cada persona violenta, hay un ser aterrorizado que no sabe aceptar su miedo interior, y por eso lo vuelca hacia los más débiles de su entorno. Un individuo que golpea o insulta a su pareja, está abusando de su energía marciana, demostrando así su incapacidad para conectar y aceptar su propia debilidad interior. Pero la mujer que se aparta de él, buscando protección y soluciones legales, hace un uso correcto de Marte, salvaguardando su integridad física y moral. Si eligiera ser una víctima, en nombre de un erróneo concepto de la compasión, renunciaría a la potente energía protectora de este planeta.

La energía marciana es muy masculina, y evidentemente a los hombres les resulta mucho más fácil conectar con ella, del mismo modo que la mayor parte de las mujeres encuentran que la relación con Venus les resulta más cómoda. Tanto Venus como Marte tienen su lado constructivo o destructivo, pero todos, independientemente de la orientación sexual o de la educación que hayamos recibido, disponemos de la energía de estos dos planetas y debemos utilizarla en nuestro provecho.

Marte representa el papel activo en el amor y la sexualidad, es la necesidad de satisfacer nuestros deseos. Significa la habilidad de crear un entorno que permita expresar la propia individualidad sin ser heridos o dominados por la otra persona, lo cual es muy importante en una relación que implique un alto grado de intimidad.

Si Venus expresa el deseo de fundirse en el otro, Marte representa la necesidad de conservar nuestra identidad y seguridad bajo cualquier circunstancia. La lucha entre ambos principios es fundamental para poder crear relaciones constructivas y estimulantes, ya que los seres humanos necesitamos armonizar todos los opuestos para poder ser felices.

JÚPITER

En sinastría, Júpiter indica la capacidad de crecimiento que puede lograrse a través de la relación con otra persona. Una unión no es sólo un intercambio de sentimientos, sino que es, o debería ser, un estímulo para el avance personal.

El contacto íntimo con otra persona es una de las experiencias que ponen a prueba nuestras creencias y nuestro comportamiento. Es un importante acicate para descubrir aquello que necesita ser renovado y actualizado dentro de nosotros. Júpiter es el agente encargado del crecimiento ordenado, de la evolución hacia nuevas formas de comprensión. Todas las relaciones pueden ayudarnos a crecer en algún segmento de nuestra vida, y en todas ellas podemos ver la influencia de Júpiter.

Pero el crecimiento que estimula este planeta no es siempre tan positivo como podría parecer a simple vista. El peligro de extenderse de un modo desordenado o excesivo está siempre presente cuando hablamos de Júpiter y su influencia. Si intentamos llenar demasiado espacio, podemos ahogar los intentos de expresión de los demás. Si avanzamos con desorden, intentando serlo todo para todos, abarcándolo todo, quizá logremos lo contrario de lo que deseamos. El uso correcto y mesurado de Júpiter es necesario para obtener los mejores resultados de su benéfica energía.

SATURNO

Saturno es un planeta de significado muy complejo y generalmente mal comprendido. Su sentido esencial es el de poner los límites al crecimiento, cimentando la experiencia en el marco de la realidad material. Saturno nos obliga a mirar el mundo en el "aquí y ahora", sin lentes de colores, sin justificaciones ni autoengaños.

La energía de Saturno es muy difícil de asumir, ya que todos, en mayor o menor medida, necesitamos disponer de un espacio propio de ilusiones, sueños y esperanzas que no tienen cabida dentro de este símbolo. El choque continuo entre la ilusión y la dura realidad provoca conflictos en nosotros, pero eso forma parte de nuestro proceso de maduración vital.

Algunos conflictos entre las ilusiones y la realidad pueden ser especialmente graves, generando experiencias traumáticas que acumulan un gran peso en nuestra conducta. Saturno se encarga de proteger estas heridas, creando barreras defensivas como el miedo, la represión y la frialdad emocional. Hay que aclarar que Saturno no es el responsable de los traumas, ya que éstos se generan en contacto con la familia y con el entorno social. Su función es la de proteger nuestras cicatrices, creando auténticas corazas emocionales que después son difíciles de derribar.

En un plano más positivo, Saturno rige aquellas relaciones que son duraderas. Aceptar la realidad es una de las formas de alcanzar la estabilidad sentimental, ya que una de las enseñanzas fundamentales de este planeta es que hay que aceptar lo posible y lo seguro. Equilibrar el deseo de crecimiento de Júpiter con la seriedad de Saturno es otro de los difíciles equilibrios que debemos vivir en las relaciones.

URANO

Si la misión de Saturno es imponer los límites de la realidad, los tres planetas que siguen en nuestro análisis tienen la misión de romper esos límites. Cada uno de ellos efectúa esta labor de demolición a su manera.

Urano es el planeta de los cambios radicales, de todo aquello que es inusual y sorprendente. Las transformaciones que trae este planeta suelen ser rápidas y surgen de un modo completamente inesperado. Hay algo eléctrico en su naturaleza, y quizá por ello, el alto voltaje de sus manifestaciones puede llegar a ser peligroso.

Urano actúa de un modo revolucionario, ayudando a romper con los viejos esquemas. Si una relación está desgastada, su impulso puede ayudar a romperla. Pero él también sabe provocar flechazos y uniones apresuradas. Su energía es liberadora, y por eso este planeta señala aquellas partes del ser que requieren un cierto grado de independencia para poder desarrollarse. No es un planeta emocional, sino mental, y está relacionado con las experiencias de telepatía espontánea que se dan entre las personas que comparten una relación profunda.

La energía de Urano existe para enseñar que debemos mantener cierta dosis de rebeldía en nuestro interior. Todo lo que aparenta ser firme puede ser derribado en cualquier momento, así que conviene no dar por seguro ningún amor. Es importante aprender a valorar y disfrutar lo que tenemos en el presente. Urano proclama que en el fondo siempre seremos libres de escoger nuestro camino y que una relación nunca debe convertirse en un compromiso asfixiante que nos impida respirar y crecer como seres humanos.

NEPTUNO

Neptuno se relaciona con la idealización del ser amado, y podemos observar su acción en los inicios de una relación amorosa, cuando se realiza una proyección masiva de nuestros contenidos inconscientes. El romanticismo exacerbado es uno de los extremos de la energía neptuniana, pero también la ilusión y los sueños que hacen que podamos amar a otros seres humanos y ver en ellos sus mejores cualidades.

Neptuno despliega una energía que niega al yo, y por este motivo sus efectos son difíciles de asimilar correctamente. Algunas personas sienten que son capaces de conectar con las emociones de su pareja sin necesidad de usar las palabras, lo que implica establecer una unión que está más allá de lo físico y del sentimiento de individualidad que defiende nuestro yo. Pero negar el yo puede tener efectos negativos, ya que cuanto más se intente sofocarlo, mayor será su deseo de controlar nuestra personalidad. Las proyecciones se hacen así más potentes, y la pretendida comprensión sin palabras se convierte en un autoengaño muy peligroso.

Es aquí donde surge un segundo aspecto de Neptuno, que le relaciona con los engaños y la desilusión. Si las proyecciones del enamorado son falsas, o si pretende entender y ser entendido sin el auxilio de las palabras, antes o después sufrirá una gran decepción.

Neptuno tiene un lado positivo, que es el de recordarnos que los sueños pueden hacerse realidad, que existen uniones cuya naturaleza está más allá de lo físico y que pueden elevarnos a los cielos. Pero no debemos dejarnos engañar por sus trampas, pues éstas existen.

PLUTÓN

Plutón es el último de los planetas astrológicos, y quizá por ello su simbolismo se relaciona con los episodios de muerte y regeneración que constantemente atraviesa el hombre en su existencia. Nada permanece inmóvil en el universo, todo debe cambiar y renovarse, y esta es la función de Plutón.

El cambio promovido por Plutón es fuerte, y en ocasiones desagradable, pero cuando pasa, suele producir un sentimiento de haber renacido, de haber superado viejas adherencias. A largo plazo, su efecto es muy positivo, ya que lo viejo debe ser eliminado para poder crear espacio a lo nuevo.

Plutón es un planeta que transmite una gran sensación de poder. Su acción puede dar un giro a nuestra vida y no deja a nadie indiferente. El poder y su ejercicio son precisamente cuestiones que tienen una gran importancia en las relaciones.

Los conflictos acerca de quién es el que toma las decisiones suelen ser muy importantes en cualquier unión, y no pocas personas sufren los efectos de una mala utilización de la energía plutoniana. La sumisión y la dominación están bajo el dominio de Plutón, por lo que no es casual que este planeta se haya visto asociado a determinadas prácticas sexuales, como el sadomasoquismo. Quien usa a Plutón para dominar suele unirse a personas que no son capaces de conectar con este planeta, y que por tanto renuncian a su propia capacidad de cambiar y renovarse.

El buen uso de Plutón implica aceptar los cambios y buscar en ellos la posibilidad de renovarnos, valorando nuestro poder y aceptando que nuestra pareja use el suyo.

LOS ASPECTOS EN SINASTRÍA

Si los planetas sirven como indicadores de las principales energías que conforman nuestra Carta, filtrando la energía universal de los signos y las casas, los aspectos reflejan la relación que se da entre los distintos planetas. Los aspectos, por tanto, representan la acción dinámica de la energía planetaria.

Astrológicamente, decimos que dos planetas están "en aspecto" cuando se hallan a una distancia determinada. Estas distancias están definidas desde los tiempos de Ptolomeo, uno de los grandes astrólogos de la Antigüedad, y no tienen por qué ser exactas. En todos los aspectos hay un grado de tolerancia que se denomina "orbe" y que señala la desviación con respecto a la configuración exacta. En este libro utilizaremos orbes de 5°, pero recuerda que cuanto menor sea el orbe, tanto más exacto y potente será el aspecto.

Más adelante aprenderás a calcular y utilizar los aspectos, pero en este momento es muy importante que aprendas cuál es su simbolismo y cómo afecta a las relaciones entre los planetas.

Conjunción (0°)

La conjunción implica a dos planetas que se hallan muy cerca el uno del otro. Generalmente, la energía de estos planetas se une para cooperar en pos de un objetivo común, pero esto depende mucho de la naturaleza de los astros conjuntos, ya que hay planetas que son más compatibles entre sí que otros.

En sinastría, la conjunción tiene un sentido evidente, y podemos entenderla como la unión de dos personas que comparten intereses o sentimientos. Este es un aspecto dinámico, creativo, que puede multiplicar las energías y producir excelentes resultados. Las conjunciones son muy importantes en sinastría y debemos analizarlas con detalle.

Sextil (60°)

El sextil es un aspecto que favorece las uniones de todo tipo, pero que requiere un poco de esfuerzo por nuestra parte. Este aspecto agrupa a dos planetas que se encuentran a una distancia de 60° y se asocia a los estados en que se produce un incremento de conciencia a través del trabajo personal.

En sinastría, el sextil provoca acuerdos y acercamiento entre las personas. Es el aspecto de las oportunidades, pero para aprovechar su favorable energía debemos estar atentos a la ocasión, y dispuestos a poner algo de nuestra parte.

Cuadratura (90°)

La cuadratura es un aspecto complejo, que implica a dos planetas que están a una distancia de 90°, es decir, un ángulo recto.

El significado de este aspecto se puede resumir como el conflicto que viene generado por dos energías que funcionan sin comprenderse mutuamente. La cuadratura genera muchas resistencias e incomodidades, y es por tanto un aspecto generador de cambios, que nos obliga a hacer algo, a resolver los problemas.

En sinastría, la cuadratura señala los conflictos que se dan en el seno de cualquier relación, las pruebas que debemos pasar para profundizar en la unión.

Trígono (120°)

El trígono es un aspecto que agrupa a dos planetas que se hallan separados por una distancia de 120°, o tres signos. Su actuación suele ser muy sutil, pero tiene el efecto de aunar energías o personas que actúan de un modo equilibrado. Donde la cuadratura busca el conflicto y la lucha, el trígono favorece el entendimiento y la cordialidad.

Es muy tentador pensar que este es un aspecto "bueno", mientras que la cuadratura se comporta de un modo "maléfico". Realmente esto no es totalmente cierto, pues como todos sabemos, un exceso de facilidad en las relaciones puede hacer que las personas no valoren correctamente lo que tienen. Así que si bien todos queremos disfrutar de relaciones placenteras, demasiadas comodidades pueden conducir al hastío y la indolencia.

Quincuncio (150°)

El quincuncio es un aspecto que agrupa a dos planetas que están en signos que no comparten ninguna característica común. En sinastría, este aspecto nos habla de uniones complejas, donde es muy difícil encontrar puntos de encuentro. El reto del quincuncio consiste en que debemos desprendernos de algo para poder tomar otra opción y esto requiere grandes dosis de serenidad. Las relaciones nos plantean muchas veces retos que parecen imposibles de resolver, o cuya solución es demasiado expuesta o arriesgada. El quincuncio nos obliga a buscar salidas, o al menos a intentarlo. Este aspecto no nos deja la opción de permanecer ociosos, y esa es su gran virtud.

Oposición (180°)

La oposición es uno de los aspectos fáciles de comprender. Implica a dos planetas que están en lugares opuestos de la Carta y que compiten por disponer de toda la energía que está en juego, como si ambos tiraran a ambos extremos de una cuerda.

Si hay una palabra que define la oposición es "polaridad". Es un aspecto de lucha y de conflicto, que junto a la conjunción tiene mucha importancia en sinastría. La oposición se relaciona con las proyecciones que hacemos sobre los demás. Implica la existencia de factores internos que solemos ver reflejados en otras personas, causando efectos cuya raíz está en la relación que tenemos con nosotros mismos. Precisamente por esta cualidad de favorecer las proyecciones, la oposición es un aspecto que puede provocar una tremenda atracción entre las personas.

CAPÍTULO 4

ANÁLISIS INDIVIDUAL

*A*hora que ya conocemos las herramientas fundamentales que utilizaremos en nuestro análisis, ha llegado el momento de que nos pongamos manos a la obra. En los próximos capítulos realizaremos un estudio profundo de las relaciones desde el punto de vista astrológico. Para realizar este estudio seguiremos los siguientes pasos:

- El análisis individual de ambas Cartas Astrales, que acometeremos en el presente capítulo.

- El estudio de la compatibilidad entre ambas Cartas, es decir, qué puntos de atracción se dan entre la pareja, y hasta qué punto es posible o no formar una unión (Capítulo 5).

- La interacción entre ambos, destacando la influencia que cada uno causa en el otro y cómo se modifica la personalidad en el contacto cotidiano con la pareja (Capítulos 6 y 7).

- En el Capítulo 8 examinaremos el funcionamiento de la pareja como una unidad, qué retos compartidos se presentan y con qué herramientas cuenta para resolverlos.

◆ Por último, en el capítulo 9, haremos una reflexión sobre el papel del Sol en las relaciones, y cómo podemos mejorar éstas a través de nuestro desarrollo personal. Como resultado final de este análisis obtendrá una visión plena y comprensible de las relaciones, así como sugerencias para mejorar las mismas.

Como guía a la hora de realizar nuestros cálculos, analizaremos las cartas de una mítica pareja del cine. Se trata del matrimonio formado por los actores Humphrey Bogart y Lauren Bacall. Sus Cartas Astrales están representadas en las Figuras 1 y 2, respectivamente.

Humphrey DeForest Bogart nació el 23 de enero de 1899, a las 13:40 horas EST (GMT + 05) en la ciudad de Nueva York, Estados Unidos (40N45 – 73W57). Contrajo matrimonio en cuatro ocasiones, la última con la actriz Lauren Bacall. Permanecieron unidos desde 1945 hasta la muerte de Bogart, que se produjo el 14 de enero de 1957, a causa de un cáncer de garganta.

Lauren Bacall (Betty Jean Perske) nació el 16 de septiembre de 1924, a las 02:00 horas EDT (GMT + 04) en The Bronx, Nueva York, Estados Unidos (40N41 – 73W54). Tuvo dos hijos de su matrimonio con Bogart: Stephen y Leslie. Después de enviudar, se casó con el también actor Jason Robards, con quien tuvo otro hijo y de quien luego se divorció.

No estudiarekmos todos los detalles de su matrimonio, pues lo que de verdad importa es el análisis que pueda realizar de su propia relación, pero sus Cartas sí nos servirán de guía a la hora de hacer los cálculos.

De este modo, en el presente capítulo vamos a estudiar de manera individual tanto tu Carta como la de tu pareja. Así, descubriremos cómo se enfrentan al amor, y cuáles son sus deseos y necesidades emocionales.

Todas nuestras relaciones se construyen a partir de cómo somos, ya que nuestra forma de ser influye en el tipo de personas que conocemos, en la mayor o menor atracción que podamos sentir por ellas, y en las relaciones que construimos. Si amamos a alguien, es porque esa persona mueve algún resorte en nuestra alma. Sólo a través del conocimiento de nuestra propia Carta podemos descubrir qué resortes son esos y en qué medida nos ayudan a construir relaciones sanas o dolorosas.

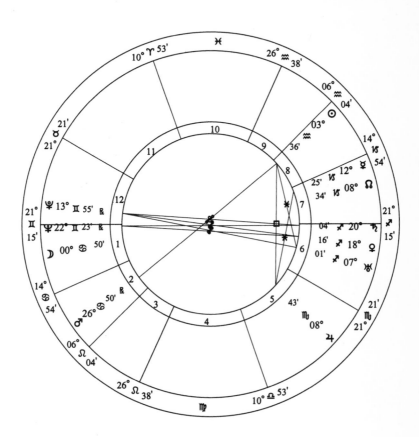

Figura 1
Humphrey Bogart

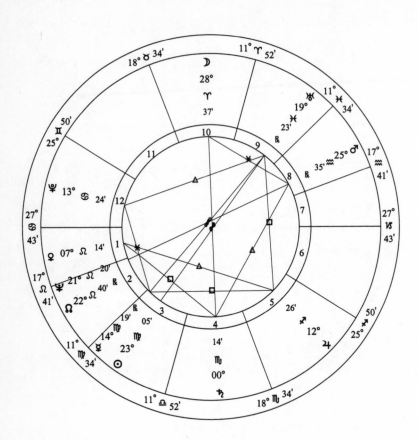

Figura 2
Lauren Bacall

Hacer un estudio completo de cada Carta es algo que se sale completamente fuera de los límites y del propósito de este libro,[1] por lo que nos centraremos en los puntos más significativos en el área de las relaciones.

Como ya se ha explicado, cada planeta de la Carta Astral se encuentra situado en uno de los doce signos del zodiaco, y cada signo puede ser definido por una serie de características. Estas características son las Cualidades y los Elementos.

Evidentemente, cuantos más planetas se hallen en una determinada cualidad o elemento, mayor será la influencia de esa energía en el carácter de la persona. A continuación se calculará el número y el valor de los planetas que se hallan en los distintos elementos y cualidades para extraer la valiosa información que estamos buscando.

La Tabla 1 representa la situación de los planetas por signo en las Cartas de Humphrey Bogart y Lauren Bacall. Bajo la columna "Planeta" se listan los diez planetas astrológicos. En la columna "Signo" se detalla el signo astrológico en que se encuentra cada uno de ellos. A continuación, en las columnas "Cualidad" y "Elemento", se desglosa la energía de los signos en sus funciones correspondientes. La última columna, denominada "Valor", indica una puntuación que mide la importancia específica de cada planeta, ya que no todos tienen el mismo peso ni influencia.

La forma de puntuar a los planetas es la siguiente:

- ♦ A cada planeta se le adjudica un punto.
- ♦ Al Sol y la Luna se les adjudican dos puntos (uno más que al resto de los planetas).
- ♦ Al planeta que rige al signo ascendente se le suma un punto.[2]

---

1. Para realizar un análisis completo de su carta astral puede recurrir a mi obra *Cómo entender su Carta Astral*, publicado por Llewellyn Español, que ofrece un método sencillo para interpretar su natalidad.

2. Por tradición se considera que cada signo del zodiaco guarda cierta similitud con determinado planeta. A este planeta se denomina "regente" del signo. En la Tabla 6 al final de este capítulo, se detallan los doce signos y sus correspondienyes regentes.

Planeta	Signo	Cualidad	Elemento	Valor
Sol	Acuario	Fijo	Aire	2
Luna	Cáncer	Cardinal	Agua	2
Mercurio	Capricornio	Cardinal	Tierra	2
Venus	Sagitario	Mutable	Fuego	1
Marte	Cáncer	Cardinal	Agua	1
Júpiter	Escorpio	Fijo	Agua	1
Saturno	Sagitario	Mutable	Fuego	1
Urano	Sagitario	Mutable	Fuego	1
Neptuno	Géminis	Mutable	Aire	1
Plutón	Géminis	Mutable	Aire	1

Planeta	Signo	Cualidad	Elemento	Valor
Sol	Virgo	Mutable	Tierra	2
Luna	Aries	Cardinal	Fuego	3
Mercurio	Virgo	Mutable	Tierra	1
Venus	Leo	Fijo	Fuego	1
Marte	Acuario	Fijo	Aire	1
Júpiter	Sagitario	Mutable	Fuego	1
Saturno	Escorpio	Fijo	Agua	1
Urano	Piscis	Mutable	Agua	1
Neptuno	Leo	Fijo	Fuego	1
Plutón	Cáncer	Cardinal	Agua	1

Tabla 1
Humphrey Bogart y Lauren Bacall

El signo ascendente de Bogart es Géminis, cuyo planeta regente es Mercurio. Así que a este planeta se le suma un punto (1+1=2). En el caso de Bacall, su ascendente es Cáncer. Como el regente de este signo es la Luna, le sumamos un punto (2+1=3).

La tarea ahora consiste en crear dos tablas como las de Bogart y Bacall pero, lógicamente, a partir de tu Carta y la de tu pareja. Si hay dificultades a la hora de desentrañar los símbolos planetarios de tu Carta, puedes consultarlos en la Tabla 2. Por otra parte, puedes encontrar la lista de características que corresponden a cada signo en la Tabla 3.

Cuando hayas realizado las dos tablas, suma los puntos que se muestran en la columna "Valor". Para cada tabla, el resultado debe ser 13. Si no es así, comprueba las puntuaciones.

Signos		Planetas		Otros puntos	
♈	Aries	☉	Sol	☊	Nodo Norte
♉	Tauro	☽	Luna	☋	Nodo Sur
♊	Géminis	☿	Mercurio		
♋	Cáncer	♀	Venus	**Aspectos**	
♌	Leo	♂	Marte	☌	Conjunción
♍	Virgo	♃	Júpiter	☍	Oposición
♎	Libra	♄	Saturno	△	Trígono
♏	Escorpio	♅	Urano	□	Cuadratura
♐	Sagitario	♆	Neptuno	⚻	Quincuncio
♑	Capricornio	♇	Plutón	⚹	Sextil
♒	Acuario				
♓	Piscis				

Tabla 2
Símbolos Astrológicos

A continuación vamos a medir el valor real de cada función en tu personalidad. En las Tablas 4 y 5 puedes observar cómo se distribuyen los planetas según las cualidades y elementos de los signos en que se encuentren. Junto a cada planeta, hemos indicado su valor, tal como figura en la Tabla 1.

Como puedes ver, la columna "Resultado" muestra la suma de las puntuaciones de cada grupo de planetas. Lógicamente, aquellas funciones o características que tienen mayor puntuación son las energías predominantes en cada una de las dos personas. A esta energía predominante, la denominaremos "Función superior".

Las funciones superiores de Bogart son las cualidades Cardinal-Mutable (tienen el mismo número de puntos), y los elementos Aire-Agua. Para simplificar, y dado que su ascendente es Géminis, podemos decir que Bogart era Mutable-Aire, aunque el Agua y la cualidad Cardinal fueran

Signo	Cualidad	Elemento
Aries	Cardinal	Fuego
Tauro	Fijo	Tierra
Géminis	Mutable	Aire
Cáncer	Cardinal	Agua
Leo	Fijo	Fuego
Virgo	Mutable	Tierra
Libra	Cardinal	Aire
Escorpio	Fijo	Agua
Sagitario	Mutable	Fuego
Capricornio	Cardinal	Tierra
Acuario	Fijo	Aire
Piscis	Mutable	Agua

Tabla 3

Cualidades y elementos de los signos del Zodiaco

también muy importantes en su personalidad. Lauren Bacall, en cambio tiene sus funciones superiores muy bien definidas: Mutable y Fuego.

Del mismo modo que existe una función que suma la mayor puntuación, hay otra que presenta el valor más bajo, o incluso que carece de puntos. Esta función se denomina "Inferior", lo que no implica un juicio de valor. Simplemente se llama así porque representa aquellas energías con las que no solemos contar y que cuesta integrarlas en el conjunto de nuestra personalidad.

Las funciones inferiores de Humphrey Bogart son Fijo y Tierra, mientras que las de Lauren Bacall son Cardinal-Fijo y Aire.

Por último, hay que decir que aquellas funciones o características que no son ni superiores ni inferiores se denominan "Auxiliares". Estas

Cualidades	Planetas	Resultados
Cardinal	Luna (2), Mercurio (2), Marte (1)	5
Fijo	Sol (2), Júpiter (1)	3
Mutable	Venus (1), Saturno (1), Urano (1), Neptuno (1), Plutón (1)	5

Elementos	Planetas	Resultados
Fuego	Venus (1), Saturno (1), Urano (1)	3
Tierra	Mercurio (2)	2
Aire	Sol (2), Neptuno (1), Plutón (1)	4
Agua	Luna (2), Marte (1), Júpiter (1)	4

Tabla 4

Cualidades y elementos de Humphrey Bogart

funciones son muy útiles, pues nos sirven para integrar la función inferior y para que la superior no domine completamente nuestra personalidad. Hablaremos un poco más de estas funciones auxiliares en el capítulo 5.

Ahora que ya comprendes cómo se realiza este cálculo, realízalo con tus planetas y los de tu pareja. Recuerda que debes hacer cuatro tablas en las que sumarás los puntos de las cualidades y elementos de tu Carta y la de tu pareja. Tomarás como base la información que aparece en las tablas que hiciste anteriormente, y ten en cuenta que en cada caso las puntuaciones deben sumar siempre 13.

Elementos y cualidades

Los elementos y cualidades definen los rasgos fundamentales de nuestra personalidad. A través de las funciones superiores se manifiestan los elementos más visibles, aquellos con los que nos identificamos con

Cualidades	Planetas	Resultados
Cardinal	Luna (3), Plutón (1)	4
Fijo	Venus (1), Marte (1), Saturno (1), Neptuno (1)	4
Mutable	Sol (2), Mercurio (1), Júpiter (1), Urano (1)	5

Elementos	Planetas	Resultados
Fuego	Luna (3), Venus (1), Júpiter (1), Neptuno (1)	6
Tierra	Sol (2), Mercurio (1)	3
Aire	Marte (1)	1
Agua	Saturno (1), Urano (1), Plutón (1)	3

Tabla 5
Cualidades y elementos de Lauren Bacall

facilidad. La función superior es un terreno en el que nos sentimos cómodos, es el "yo soy así" de nuestra Carta Astral.

En cambio, las funciones inferiores pertenecen al reino de la sombra psicológica, es decir, de todo aquello que hemos reprimido para poder llegar a ser como somos. La sombra es un elemento muy importante de nuestra psique, porque está compuesta de un material que se proyecta con facilidad en otras personas. De hecho, los procesos de enamoramiento surgen a partir de nuestro material sombrío, de aquello que hemos reprimido y no deseamos ver en nosotros mismos, pero que se muestra brillantemente proyectado en otra persona.

Hay que aclarar que la sombra no es en sí misma negativa. Es su perpetua negación lo que puede hacer de ella algo doloroso o patológico. Todos tenemos una sombra, pero nuestra relación con el material sombrío es bastante compleja. Por un lado nos fascina, pero al mismo tiempo nos repele y asusta. Es lo que hemos decidido no ser, lo que hemos rechazado, pero nuestro afán por ser completos nos obliga a revisar constantemente esa zona de nuestro ser. Y si nos negamos a ver la sombra en nosotros, la proyectaremos en los seres amados. No es fácil reconocer nuestros errores y debilidades, y en el fondo esta es una de las razones por las que el amor convoca los sentimientos más encontrados.

A continuación vamos a analizar las diferentes funciones, tanto en su faceta superior como inferior, y cómo influyen en tu forma de afrontar las relaciones. A la hora de hacer este análisis, es muy recomendable que estudies también los elementos y cualidades de tu pareja.

Si el elemento **Fuego** es predominante, es decir, si esta es tu función superior, tu personalidad estará sin duda animada por un gran deseo de aventura y mucho romanticismo. La lealtad es una de tus divisas, pero tu pareja deberá darte motivos para que mantengas esa fidelidad. Sabes dar ánimos e impulso positivo, pero también esperas que la otra parte demuestre entusiasmo y amor por la vida. La pasión es lo más importante, así que todo debe ser brillante, nuevo y hermoso en tus relaciones.

En cambio, cuando la función fuego se presenta como inferior, puedes sentir una gran atracción por personas que exhiban comportamientos atrevidos, directos y optimistas. Pero también puedes sentir un profundo rechazo ante la agresividad de los demás, así como frente a las personas demasiado extrovertidas. Puedes pasar de la pasión más arrolladora a la frialdad sin apenas término medio.

En cambio, si en tu Carta o en la de tu pareja domina la **Tierra**, existe una gran necesidad de vivir las relaciones de un modo estable. La seguridad emocional es muy importante, así como crear un ambiente material hermoso y tranquilo. Hay una profunda sensualidad en el ambiente, pero resulta difícil soportar los estallidos emocionales de la otra parte. Te gusta vivir relaciones duraderas e incluso te costará romper una unión que no sea del todo satisfactoria. Pero sin duda, sabrás disfrutar de la vida a tu manera.

Cuando la tierra es función inferior, existe una gran dificultad para alcanzar la estabilidad en las relaciones. Puede existir una gran atracción por las personas que exhiban comportamientos terráqueos, pero con frecuencia te quejarás de su materialismo o testarudez.

Cuando predomina el **Aire**, tu personalidad está animada por la curiosidad y el deseo de comunicación. Los retos mentales son lo tuyo, pero tienes grandes dificultades para moverte en el mundo emocional. Los sentimientos te sobrepasan con facilidad, aunque adoptas una actitud muy honesta con las personas que amas.

Si el aire es función inferior, puedes sentir un ansia de conocimientos que te lleve a unirte a las personas que consideras más inteligentes. De todos modos, su frialdad te resultará dolorosa en más de una ocasión, por lo que siempre exigirás algo más en el plano emocional.

El elemento **Agua** predispone a tener una naturaleza emotiva e introvertida. El agua necesita sentir, y no suele hacer un uso muy adecuado de las palabras. El deseo de fusión, de encontrar a alguien con quien llegar a ser uno, es muy potente con esta configuración.

Cuando el agua es función inferior, puede existir una gran dificultad para conectar con los propios sentimientos. Así, las personas muy emocionales pueden resultarnos muy atractivas, pero al mismo tiempo será difícil aceptar la pérdida de libertad que implica una relación íntima.

La cualidad Cardinal

Como función superior, implica una personalidad capaz de abrir camino, de seguir sus propias inclinaciones siendo activa y decidida. Pero como función inferior puede llevarnos a conocer a personas que dirijan nuestra vida, cubriendo una faceta que sentimos que falta en nuestra existencia.

La cualidad Fija

Como función superior nos ayuda a ser estables y determinados en nuestro comportamiento. La persistencia y la paciencia están garantizadas, aunque puede existir cierta rigidez en el carácter. Si es función inferior, con seguridad buscaremos rodearnos de personas equilibradas, que sean un apoyo sólido sobre el que sostenernos.

La cualidad Mutable

Como función superior, necesitas aceptar muchos retos en tu vida. Eres una persona muy adaptable y nunca tendrás demasiados problemas para realizar cambios y empezar de cero. En las relaciones valoras mucho las novedades y puedes ser algo inconstante. Si ésta es una de tus funciones inferiores, puedes tener ciertos problemas para aceptar los cambios y quizás te atraigan personas poco dadas al compromiso. Evita la rigidez.

LA LUNA NATAL

La Luna es un planeta fundamental en las relaciones. Como ya hemos visto en el capítulo anterior, su simbolismo se relaciona con la infancia y sobre todo con la vivencia de la madre. La Luna es el símbolo de nuestra madre, pero también de nuestro niño interior. La posición de la Luna indica el tipo de nutrición emocional que estamos pidiendo, es decir, nuestros deseos más escondidos, nuestras más profundas necesidades.

De un modo u otro, todos buscamos alimentar a ese niño interior. Pero es en el contexto de las relaciones donde sus peticiones se hacen más acuciantes, y si no somos conscientes de ellas pueden convertirse en una trampa que haga fracasar la unión. Cuando decidimos no escuchar el lamento de nuestra luna hambrienta, podemos caer en comportamientos irracionales o incluso en adicciones de carácter emocional o físico.

El hecho de que ignoremos a nuestra Luna no nos libra de sus deseos, y además hace que éstos se muestren de un modo más insidioso y subterráneo. Por ejemplo, una Luna en signo de Tierra desea contacto físico, proximidad, actos tangibles. Pero si este deseo se reprime, puede transformarse en una compulsión hacia las compras o la comida.

Evidentemente, escuchar a nuestra luna no implica cumplir todos sus deseos, del mismo modo que a un niño caprichoso no hay que darle todo lo que pide. Simplemente hay que ser conscientes de que esas necesidades existen y que deben ser cubiertas hasta cierto punto, sin que nos esclavicen. La conciencia aquí obra milagros, pues en la medida en que sabemos comprender a ese niño interior, sus peticiones se harán más razonables e incluso se podrá llegar a un tipo de acuerdo con él. Es decir, que si por ejemplo nuestra luna está en un signo de aire, quizá nuestra pareja no nos aporte todo el estímulo intelectual que desearíamos. En vez de sufrir, exigiéndole que cambie, podemos cubrir ese deseo de aprender a través del contacto con los amigos, estudiando, leyendo, acudiendo a espectáculos, o de mil formas diferentes.

A continuación vamos a comentar el simbolismo de la Luna según su posición en los diferentes elementos. Analiza dónde está tu Luna y la de tu pareja, así descubrirás el tipo de nutrición emocional que ambos necesitáis para ser felices:

La Luna en signos de Fuego (Aries, Leo, Sagitario) se nutre del juego, del estímulo mutuo. Quien tiene a la Luna en estos signos, espera que su pareja le aporte ideas positivas, ánimo e impulso. Se resiente cuando encuentra problemas en la relación, o cuando su pareja cae víctima de la depresión o la negatividad. En las relaciones íntimas, la luna de fuego quiere novedades, pasión desatada y una respuesta inmediata del cónyuge. Se alimenta del espíritu positivo y siempre desea tener a alguien que la acompañe en su continuo avance.

La Luna en signos de Tierra (Tauro, Virgo, Capricornio) se siente alimentada a través del contacto físico, de lo tangible. El amor se percibe aquí a través de las caricias y los abrazos, por lo que existe una fuerte necesidad de tocar y ser tocado. En el plano íntimo, esta luna disfruta con masajes y con las expresiones más físicas del amor. En los niveles evolutivos más bajos, el afán de posesión es también una fuente de satisfacción emocional. Quien tiene a la Luna en estos signos, busca pruebas de amor a través de regalos, cenas o lujos, y se resiente si no recibe estas atenciones.

Con la Luna en los signos de Aire (Géminis, Libra, Acuario) lo que se busca es una alimentación de carácter intelectual. Esta Luna pide ideas, proyectos, viajes, inspiración. En la relación, exige distancia, y tiene un profundo temor a ser asfixiada, invadida o sofocada. Ella marca su territorio y exige que este espacio sea respetado. La luna de aire necesita comunicación, diálogo, respuestas. Se erotiza con las palabras y con la expresión verbal del deseo. La luna aérea se sentirá herida si no hay diálogo, o si la pareja exige demasiada cercanía.

La Luna en signos de Agua (Cáncer, Escorpio, Piscis) es completamente diferente a la luna aérea que acabamos de conocer. El agua exige que su pareja sea uno con ella. Espera así que haya una fusión total en el plano emocional, crear un espacio donde se compartan todos los sentimientos, por dolorosos o complejos que sean. Para el agua, las palabras y las explicaciones sobran, y si su pareja no es capaz de sentir lo mismo que ella, se sentirá herida y confusa. La frase típica de la luna de agua es: "si me amas, sabrás cómo me siento".

Como vemos, los deseos de la Luna suelen ser bastante primarios, pero no por ello dejan de tener un gran peso en nuestro comportamiento. Nuestro niño interior puede ser sano o puede estar gravemente herido, pero en cualquier caso debemos escuchar sus lamentos si no queremos ser dominados por él.

VENUS Y MARTE

Como mencionábamos en el Capítulo 1, entre las múltiples aportaciones de Jung al conocimiento humano destacan los conceptos de ánima y animus, que reconocen la polaridad sexual que existe dentro de cada uno de nosotros. Todos los seres humanos, hombres y mujeres tenemos en nuestra psique elementos del sexo opuesto. Nuestro impulso natural suele ser el desarrollar aquella parte de la mente que corresponde con nuestro sexo. Además, el condicionamiento familiar y social tiende a reforzar esta tendencia, obligándonos a reprimir los rasgos del sexo opuesto.

Pero nos guste o no, todos tenemos esa contraparte sexual en nuestro interior, y si no queremos dejar nuestra felicidad en manos de otras personas no tenemos otra opción que reconocerla y valorarla.

Astrológicamente, Venus, el planeta más femenino, representa el ánima del hombre, es decir, su parte femenina interior. Por su parte, un planeta decididamente viril como Marte, representa el animus de la mujer, o sea, su masculinidad. Así que los hombres buscan en las mujeres a su Venus interior, mientras que las mujeres persiguen a Marte en sus relaciones. Todos, en mayor o menor medida proyectamos en los demás esa contraparte interior, pero ciertamente quien está intentando comprenderla y asimilarla, está en mejor disposición de descubrir esas proyecciones y convertirlas en relaciones más maduras. En la medida en que admitimos nuestro Venus y nuestro Marte, nuestras relaciones se hacen más maduras y positivas.

Los hombres con Venus en los signos de Fuego sienten una gran atracción hacia mujeres de carácter decidido y enérgico. Con esta posición, se busca en la pareja la pasión y la energía positiva que en realidad están en nuestro interior. En cambio, el hombre que tiene a Venus en Tierra espera que su pareja sea una persona estable, segura y bien enraizada en el mundo material. Si Venus, en la Carta de un hombre, ocupa uno de los tres signos de Aire, éste sentirá interés por las mujeres intelectuales, con capacidad para el diálogo y que le otorguen cierta dosis de libertad. Un hombre con esta posición se sentirá incómodo si su pareja intenta controlar todos sus movimientos. Venus en el elemento Agua implica la atracción hacia mujeres maternales, sensibles y cariñosas. Lo que se desea aquí es estar con una persona que sea emotiva y que procure cuidados.

Una mujer que tiene a Marte en un signo de Fuego desea que su pareja sea un hombre apasionado, fuerte y decidido. Con esta posición existe un gran deseo de ser protegida y defendida frente al mundo exterior. Marte en los signos de Tierra indica la necesidad de estar con una pareja sólida, probablemente adinerada y de carácter estable. La sensualidad es muy básica con esta posición, e indica un deseo de proximidad física, de disfrutar con los placeres sencillos. Cuando una mujer tiene a Marte en alguno de los signos de Aire, puede sentirse atraída por hombres de carácter intelectual, que ejerzan sobre ella el papel de maestros. Se resentirá si el vínculo entre ambos es demasiado apretado y asfixiante. Por último, si una mujer tiene a Marte en el elemento Agua, necesita aproximarse a aquellos hombres que demuestran una naturaleza sensible e introvertida. En algunos casos patológicos, esta configuración puede hacer atractivas las relaciones con hombres enfermos, adictos o de carácter infantil. Por otra parte, Marte en Agua provoca que los hombres desarrollen su parte más emotiva en contacto con esta mujer.

Seguramente, al leer estas descripciones creerás ver un reflejo de tus deseos no sólo en la posición de tu Venus o Marte natales, sino en otras posiciones. Todos, en teoría, deseamos tenerlo todo en nuestras relaciones: deseo, ternura, comprensión, diálogo, libertad, compromiso, protección, etc. Pero la verdad es que no siempre nos enamoramos de las personas que nos ofrecen estas cualidades. Ten en cuenta que lo que describen Venus y Marte no son nuestros deseos más evidentes y razonables, sino el deseo más profundo, que es el que de verdad nos hace amar a alguien, incluso aunque sea la persona menos conveniente para nosotros. Por eso es tan importante conocer estos planetas y hacer el esfuerzo de entenderlos y reconocer su acción en nuestra vida.

PLANETAS EN LA CASA SIETE

La casa siete es otra zona muy importante a la hora de analizar las relaciones que mantenemos, e incluso el tipo de personas que nos resultan más atractivas. La presencia de planetas en esta casa es uno de los indicios más poderosos a la hora de analizar nuestra predisposición al amor y las relaciones. Si tienes algún planeta en esta casa, consulta las descripciones que se dan a continuación, y si esta casa aparece vacía en tu Carta, analiza el apartado "Casa siete sin planetas".

El Sol

Con el Sol situado en la casa siete, se da una gran importancia a las relaciones sentimentales. En un plano constructivo, podríamos decir que se trata de una posición que ayuda a expresar la propia personalidad en contacto con otras personas. Si tienes el Sol en esta casa, sin duda das una gran importancia a las relaciones y necesitas la compañía de otras personas para sentirte bien.

Pero el Sol en la séptima casa también puede provocar una excesiva dependencia de los demás. Las personas con este emplazamiento tienden a proyectarse con demasiada facilidad en la pareja o en el amigo más íntimo. Como esta situación indica que el Sol se está poniendo en el horizonte, suele describir una personalidad no demasiado fuerte, que busca refugio en una pareja brillante o interesante. La imperiosa necesidad de buscar un complemento y que éste se ajuste a un alto ideal, hace que la vida pueda ser muy insatisfactoria, ya que no es fácil encontrar a la pareja perfecta.

Como en todos los casos, es muy importante analizar los aspectos que envía el Sol a otros planetas, pues ellos dan la pauta de cómo vives esta posición planetaria. Aspectos difíciles (cuadraturas, oposiciones o quincuncios), así como las conjunciones a Marte, Saturno y Urano, muestran la necesidad de afirmar la propia individualidad antes de someterse a los deseos de otra persona, pues de lo contrario pueden producirse importantes fricciones. Aspectos más cómodos indican una mayor facilidad para expresar el yo en medio de las relaciones, aunque esta facilidad puede dar lugar a algún tipo de autoengaño. En este caso, como en todos, es importante conocer y aprovechar todos los aspectos, los tensos para aprender y los más cómodos para disfrutar.

La Luna

La Luna situada en la séptima casa es otra posición muy importante en las relaciones personales. Aquí se produce una necesidad de alcanzar un alto grado de seguridad emocional en las uniones. La necesidad de alcanzar el amor y la aceptación incondicional es muy difícil de encontrar en esta vida, pero si tienes la Luna en esta casa, sin duda ésta será una de tus metas.

La tentación aquí es buscar una pareja que cumpla un papel maternal, independientemente de que se trate de una carta masculina o femenina. Existe la necesidad de recibir todo tipo de atenciones y cuidados, pero no por ello dejarán de existir altibajos emocionales. La Luna es variable por naturaleza, y necesita tanto nutrir como ser nutrida. Desde luego, existe una gran receptividad ante los sentimientos de la otra persona, y se puede dar una excelente comunicación emocional, capaz de vencer las limitaciones del lenguaje verbal.

Mercurio

La necesidad de encontrar un estímulo intelectual en las relaciones es la característica fundamental de esta posición planetaria. Con Mercurio en la casa siete, necesitas vivir en medio de un continuo intercambio de opiniones, hablándolo todo y buscando novedades permanentes. El cambio es una de las señas de identidad de Mercurio, y por eso este planeta puede suscitar la curiosidad por probar diferentes relaciones, o por vivir la unión en medio de un clima de continuas variedades. De todos modos, si la pareja aporta la suficiente nutrición intelectual, no habrá un gran deseo de cambiar de horizontes.

La atracción por personas de carácter intelectual, o por aquellos que manifiestan una gran fluidez verbal puede ser muy positiva, ya que favorece el desarrollo de estas cualidades en uno mismo. Pero si tu Carta tiene un alto componente emocional, quizá se den choques entre la razón y los sentimientos. En este caso es importante analizar los aspectos que hace Mercurio a planetas más emocionales, como la Luna, Venus o Neptuno.

Venus

Sin duda, la presencia de Venus en la casa siete augura energías muy positivas en el terreno de las relaciones. Esta es su casa natural, y por ello el poder de este hermoso lucero se despliega aquí en toda su majestad, pero también esconde algunos peligros.

Quien tiene a Venus en esta posición intenta vivir sus relaciones de un modo armónico y tranquilo. Cualquier conflicto se vive como una grave amenaza, y quizá por ello se evitan las discusiones, aún a riesgo de tener que tragarse muchos sentimientos. En realidad, existe la tendencia a exagerar cualquier pequeño problema, lo cual, si no se resuelve, puede contribuir a deteriorar cualquier relación.

Si tienes a Venus en la casa quinta, puedes sentir un especial interés por las personas atractivas, o por aquellos que tienen inclinaciones estéticas o artísticas. La unión puede ser muy positiva y sin duda habrá un gran deseo de compartir emociones. Como sucede con todos los planetas, los aspectos de Venus son muy importantes y es preciso analizar si tiene uniones tensas o fluidas con otros elementos de la Carta. En cualquier caso, es muy importante no dormirse en los laureles, ni esperar que sea sólo la pareja quien intente cumplir nuestros elevados ideales.

Marte

Marte en la casa siete promete muchas emociones en el área de las relaciones. Los retos son muy importantes, y el afán de competición puede ser muy estimulante a la hora de vivir una unión. Sin duda, quienes tienen esta configuración en su Carta, tienden a buscar en su pareja una sensación de fuerza, control y protección decidida. La masculinidad se proyecta en el cónyuge, y en algunas personas puede significar la atracción por individuos conflictivos.

Las discusiones pueden ser fuertes con esta configuración, y hasta que no se logre alcanzar un nivel adecuado fuerza e independencia, los problemas pueden transformarse en conflictos violentos. En muchas ocasiones, Marte propicia que la sexualidad se convierta en un sustituto de la agresión directa.

Júpiter

Cuando se encuentra en la casa siete, Júpiter representa una benéfica influencia en el campo de las relaciones, ya que el planeta de la expansión ayuda a desarrollar una visión muy optimista del amor. Júpiter estimula un gran crecimiento interior en el seno de las relaciones sentimentales, y puede propiciar el descubrimiento de nuevas perspectivas morales o intelectuales gracias a la influencia de la pareja. De hecho, muchas personas con esta configuración viven un cambio de conciencia muy importante después del matrimonio.

La atracción hacia una pareja generosa, de carácter filosófico o socialmente importante, es muy fuerte con esta posición. Como sucede con otros planetas, la proyección de los deseos interiores puede ser más o menos consciente, pero la realidad es que si existe esa atracción es porque tienes la capacidad y el deseo de desarrollar esas inquietudes. Muchas veces nos cansamos buscando fuera lo que tenemos dentro, sin darnos cuenta que, desarrollando nuestro interior es como podemos atraer a las personas que nos ayuden a completar ese desarrollo.

El aspecto más negativo de Júpiter es su tendencia al derroche y a la dispersión de dinero y energías. Algunos aspectos tensos actuarán de forma positiva, ya que ayudarán a sujetar estos excesos.

Saturno

Saturno es un planeta muy complicado para todos nosotros ya que es portador de un simbolismo que no nos resulta agradable. Saturno habla de la realidad material y representa una energía bastante prosaica y poco romántica. Pero en las relaciones de largo recorrido, este planeta es muy apropiado para solidificar la unión y hacerla resistente a los conflictos que puedan surgir dentro o fuera.

Como la casa siete es el terreno de las proyecciones, es muy fácil que alguien con esta posición se sienta atraído por personas serias, de edad madura o que proyecten un aura de madurez independientemente de su edad. Lo que es seguro es que las relaciones promovidas por este planeta no son nunca superficiales.

La responsabilidad es muy importante para Saturno, y quienes tienen a este planeta en la casa siete se sienten muy preocupados por el bienestar de los demás, aunque frecuentemente se resientan de no obtener la misma respuesta por parte de su pareja. Saturno confunde preocupación con interés, y es aquí donde es preciso desarrollar una conciencia que permita vivir el amor de un modo más fluido y desenvuelto, pues la responsabilidad o el deber no son términos adecuados cuando se habla de sentimientos. Los aspectos que tenga este planeta te permitirán descubrir cómo vives su energía.

Humphrey Bogart tiene a Saturno en la cúspide (inicio) de su casa séptima. Es casi paradójico que se casara con una mujer que era 25 años más joven que él, pero cuando se analiza la relación que se dio entre Bogart y Bacall, es indudable lo mucho que él valoraba la madurez de ella y la forma seria en que abordó su vida y trabajo en común.

Urano

Es difícil que este planeta pase desapercibido en la casa siete. Urano trae un soplo de libertad y novedad en el ámbito de las relaciones, pero es bastante poco propicio para las uniones duraderas.

La atracción por personas diferentes, de carácter bohemio, artístico o inventivo, es una de las facetas más importantes de esta posición. Realmente existe un deseo interior de ser diferente, o de que los demás reconozcan la propia diferencia. Pero en la medida en que este deseo no sea reconocido, tenderá a proyectarse en la pareja, esperando que sea ésta una persona especial, interesante o diferente. Muchas veces estas relaciones acaban en rupturas más o menos bruscas, que dejan a la persona con la sensación de haber sido abandonada, lo que es característico de Urano cuando actúa de un modo inconsciente.

Si se aprende a convivir con la energía uraniana, lo que implica ser consciente de su significado, es posible utilizarla para construir relaciones libres y muy estimulantes. Reconocer a Urano en la casa siete implica aprender a transmutar los deseos de ruptura en vocación de crecimiento, estar abiertos a la novedad, al cambio y al conocimiento. Sin duda hay que estar preparados para vivir relaciones poco corrientes, alejadas de lo que normalmente es la pareja tradicional, con sus riesgos y sus recompensas. Hay que tener una cierta cualidad aventurera para vivir esta energía y obtener sus muchos dones.

Neptuno

Neptuno es un planeta romántico y sentimental y podría pensarse que es el mejor candidato para ocupar la casa séptima de las relaciones. Pero como ocurre siempre en Astrología, esto es sólo una verdad a medias.

No cabe duda que el romanticismo y los buenos sentimientos son muy positivos en una unión amorosa, y de hecho, hay que estimular constantemente estas actitudes para evitar que las relaciones se estanquen. Neptuno es también un planeta profundamente espiritual, incluso religioso, y estimula uniones donde los deseos de la carne están supeditados a cuestiones de índole superior.

Pero este planeta tiene también una cara menos agradable, que se da con demasiada frecuencia. Los problemas con Neptuno no surgen al inicio de una relación, sino que empiezan a ser visibles cuando ya ha transcurrido un cierto tiempo. Neptuno es el planeta de lo confuso, de las ilusiones y las mentiras, así que en el período de enamoramiento todo es de color de rosa. Esto nos ocurre a todos, pero les sucede con mayor fuerza a quienes tienen a Neptuno en la casa séptima.

Luego, con la convivencia, nuestro Saturno interior se ocupa de que el velo de ilusiones se vaya levantando. Es entonces cuando surgen las acusaciones: "me has engañado", "has cambiado", "no te reconozco", etc. En realidad no ha habido ningún tipo de engaño, sino de autoengaño. Lo malo de Neptuno en la casa siete, es que quizá la persona intente cambiar a su pareja a través del amor y la abnegación, lo que da lugar a relaciones de codependencia muy peligrosas. La conciencia plena del significado de Neptuno nos ayudará a salvar sus aspectos más emotivos y espirituales, dejando de lado las falsas ilusiones.

Plutón

Plutón detesta todo lo superficial y quien tiene a este planeta en la casa siete buscará unirse a personas de carácter complejo o profundo. Como este planeta siente una gran atracción hacia el poder y la posesión, es posible que provoque la atracción hacia personas de elevada posición social o económica.

Las exigencias de Plutón son muy altas, y del mismo modo que se piden cuentas a la pareja, el nivel de autoexigencia se hace muy elevado en las relaciones. La intimidad es importante, y como la sexualidad es uno de los aspectos más complejos de la experiencia humana, Plutón puede volverse bastante retorcido cuando se halla en esta posición.

Plutón es también el planeta de la renovación, propiciando cambios profundos a través de la relación de pareja. Estas relaciones pueden ser muy hondas y duraderas, quizá difíciles de entender desde el exterior, pero bastante apasionadas e intensas.

Signo	Regente
Aries	Marte
Tauro	Venus
Géminis	Mercurio
Cáncer	La Luna
Leo	El Sol
Virgo	Mercurio
Libra	Venus
Escorpio	Plutón
Sagitario	Júpiter
Capricornio	Saturno
Acuario	Urano
Piscis	Neptuno

Tabla 6
Los signos astrológicos y sus regentes

Casa siete sin planetas

El hecho de que en tu Carta o en la de tu pareja no haya planetas en la casa siete, no implica que el área de la relaciones sea de poca importancia en tu vida. Simplemente hay que utilizar otro sistema para encontrar planetas significativos.

Cuando la casa siete se presenta vacía, debemos estudiar el planeta regente de la misma. En Astrología se considera que cada signo tiene una afinidad con un planeta concreto, al que se denomina "regente". Por tanto, el regente de una casa es el planeta que gobierna al signo que se halla en su cúspide (inicio). En la Tabla 6 puedes consultar los signos astrológicos y sus regentes.

Este planeta regente es tan importante como cualquier planeta que esté realmente situado en el interior de la casa séptima, y puedes buscar su simbolismo en los párrafos anteriores. Así por ejemplo, la carta de Lauren Bacall carece de planetas en la casa siete, así que debemos analizar al regente de esta casa. En la cúspide de la casa siete de Bacall está el signo de Capricornio, cuyo planeta regente es Saturno. Por tanto, este es el planeta que habría que analizar, ya que en este caso es como si efectivamente estuviera situado en la casa séptima.

CAPÍTULO 5

LA COMPATIBILIDAD

*A*hora que ya hemos estudiado por separado tu carta y la de tu pareja, llegamos al segundo paso en el análisis de la relación: la compatibilidad entre cartas. Para establecerla, compararemos primero los elementos y las cualidades que predominan en ambos, para después pasar a analizar las posiciones del Sol, la Luna y el Ascendente.

ELEMENTOS Y CUALIDADES

La comparación de las funciones superiores, es decir los elementos y cualidades que contienen mayor cantidad de planetas en tu Carta, dan una idea muy precisa sobre cómo funcionará la relación. No hay combinaciones afortunadas o desgraciadas. Cualquier confirmación puede ser creativa o destructiva, dependiendo de cómo la usemos, y sobre todo de la capacidad de conectar con nuestras funciones auxiliares, que serán de gran ayuda en la integración de las energías en juego.

Cuando se unen dos personas con energías diferentes, pueden experimentar una gran atracción o una extrema repulsión, pero no sentirán indiferencia hacia el otro. Cada uno debe esforzarse para construir la relación, para comprender al otro y para superar las diferencias. No son relaciones fáciles, pero sí muy estimulantes.

En cambio, cuando dos personas comparten el mismo elemento o la misma cualidad, pueden entenderse muy bien al inicio de sus relaciones. Cada uno de los dos se ve reflejado en el otro, comparten intereses similares y hablan el mismo idioma. La amistad entre ambos surge así de un modo natural, y puede transformarse fácilmente en una relación más profunda. Pero al pasar el tiempo, el exceso de la energía compartida hace que la relación pueda estancarse, multiplicando las carencias naturales de ese elemento. Será entonces necesario recurrir a otros elementos o cualidades a fin de revitalizarla.

No hay que olvidar que cuando decimos que una persona es "fuego" o "mutable", simplemente nos referimos a su cualidad energética principal. Pero todos tenemos a nuestros planetas repartidos entre varios elementos y cualidades. Estas energías auxiliares están también a nuestro servicio, siempre que las reconozcamos y deseemos utilizarlas.

Analizamos a continuación todas las combinaciones que se pueden dar entre los diversos elementos y cualidades.

El fuego y el fuego

Si tanto en tu Carta como en la de tu pareja se da una mayoría de planetas en signos de fuego, se trata sin duda de una relación bastante pasional y volcánica. De hecho, si el mayor temor del fuego es llegar a aburrirse alguna vez, no cabe duda que aquí ese temor está bastante infundado. En el mejor de los casos habrá un derroche de pasión y sexo. En el peor, celos desatados y fuertes disputas que suelen acabar en ardorosas reconciliaciones, o quizás en dolorosas rupturas.

La inspirada creatividad del fuego se ve incrementada en esta unión. Hay mucha energía, lo que multiplica la productividad. Otra cuestión es que esa energía esté bien dirigida, o que sus resultados sean provechosos en el plano material. Ambos desean estar al mando y no disponen de grandes cualidades para la negociación. Si uno de ellos debe renunciar al poder, padecerá una gran frustración que puede estallar en cualquier momento. La compasión o el sometimiento no son bien recibidos por este elemento.

El amor de dos personas de fuego funciona muy bien en la adolescencia o en la primera juventud, cuando las pasiones son más fáciles y existen menos responsabilidades materiales. Al fuego le gusta vivir al día, y a menos que Saturno sea fuerte en la Carta de uno de los dos, pueden derrochar energías y dinero con extremada facilidad. Las personas de fuego necesitan renovar constantemente el amor y corren el riesgo de sufrir grandes decepciones en su relación con otras energías, pero en su mutua relación, pueden alimentarse y se estimulan mutuamente.

En definitiva, esta es una relación de fuegos artificiales, que necesita apoyarse en otros elementos más estables si se pretende que sea una unión duradera.

El fuego y la tierra

La tierra es el elemento práctico por antonomasia. Estable y determinada, la persona tierra quiere respuestas consistentes y relaciones perdurables. El fuego puede resultar bastante desestabilizador para la tierra, pero quizá ahí resida gran parte de la atracción que se da entre estos dos elementos. Unidos, el fuego y la tierra tienen un poder arrollador, capaz de vencer cualquier obstáculo con la fuerza sumada de la pasión y la tenacidad. Cuando decidan avanzar juntos, nada les detendrá.

Pero para llegar a esta hermosa conjunción, ambos elementos deben hacer muchas concesiones mutuas. Toda relación fuego-tierra comienza con grandes dosis de atracción mutua, pero antes o después debe afrontar la auténtica naturaleza de cada uno de los miembros de la pareja. Este momento crítico puede causar la ruptura de la unión, o por el contrario, su total consolidación. Que se llegue a un resultado u otro dependerá de la madurez y la capacidad de comprensión de ambas personas, ya que trabajando con las funciones auxiliares se pueden alcanzar puntos de acuerdo muy importantes.

En el plano sexual, la tierra tiende a ser convencional e incluso pedestre en sus manifestaciones. En cambio, el fuego es romántico, innovador y apasionado. Será difícil lograr un acuerdo entre ambas tendencias, ya que para la tierra, el fuego es demasiado agresivo y para éste, su pareja peca por falta de imaginación. La negociación y la comprensión mutua son, de nuevo, factores fundamentales para el éxito de esta relación.

Si la tierra aprende a ser más dinámica, a tener menos miedo al futuro, al tiempo que el fuego se esfuerza en ser más estable y previsor, es muy probable que encuentren un terreno común en el que pueden amarse y crecer. Entonces armarán una unión indestructible.

El fuego y el aire

Entre el fuego y el aire se da una de las combinaciones más fértiles de todo el zodiaco. Tanto el fuego como el aire, son energías que se desenvuelven bien en el plano social, que adoran todo lo nuevo y huyen de la depresión y el pesimismo. Mientras el fuego avanza con entusiasmo hacia sus objetivos, el aire analizará cada movimiento y aportará la mejor estrategia a su fogoso compañero.

El aire se calienta con el entusiasmo del fuego, y se eleva a las regiones más elevadas de la filosofía y el pensamiento, donde este elemento es completamente feliz. Además, el fuego estimula al aire y le ayuda a ser más decidido y activo. Por otra parte, el aire actúa como viento que aviva el fuego. Él sabe, con sus palabras, inflamar la pasión del fuego por la vida, aportándole argumentos ideológicos e inspiración.

La relación entre Humphrey Bogart y Lauren Bacall corresponde al patrón energético fuego-aire. Bacall tiene al fuego como elemento dominante mientras que Bogart es aire y agua. Sin duda, ella aportó una gran dosis de pasión y entusiasmo a la vida de él. Bogart, por su parte, ayudó a su esposa a ser mejor actriz, la guió en sus primeros papeles y le dio la base mental que le ayudó a ser una gran estrella, incluso después de perder a su marido.

No todo es de color de rosa en esta relación, ya que el exceso de entusiasmo y de racionalidad pueden estar reñidos con una emotividad más profunda. De hecho, en las relaciones fuego-aire suele flotar un cierto aire de superficialidad sentimental donde parece que ninguno llega a captar las honduras emocionales del otro. La pasión entre ambos puede ser muy volcánica, pero de corta duración y, sobre todo, falta de compasión.

Por otra parte, ambos signos carecen de sustancia, de afirmación en el mundo material. La unión entre ellos puede ser muy brillante, pero a menos que se esfuercen, quizás sea poco productiva en el plano práctico.

EL FUEGO Y EL AGUA

Si pensamos en el fuego y el agua en términos de nuestra experiencia física, podemos entender fácilmente que estos elementos tienen serias dificultades para relacionarse. El agua apaga el fuego, y éste a su vez calienta el agua y la lleva a la ebullición, e incluso a la evaporación.

Ambos son elementos emotivos, pero tienen diversas maneras de expresar sus sentimientos. El fuego es un elemento yang o activo, con un comportamiento espontáneo y sincero. En cambio, el agua es yin o pasiva, es decir, más reservada e introvertida. Si el agua pide comprensión y ternura, el fuego aporta entusiasmo y pasión. Si el fuego sabe olvidar con facilidad, el agua retiene en su memoria cada pequeño gesto, bueno o malo, que provenga de su pareja.

Realmente, el fuego no desea herir al agua, y como ésta no se queja de un modo aparente, cree que está haciendo lo correcto. El agua por su parte es muy sensible, y tiene miedo de que si se queja, pueda resultar herida. Por eso calla y se marcha a su rincón a lamer sus cicatrices en silencio. Lógicamente esta situación no puede durar eternamente, y el agua se desbordará en cualquier momento, apagando toda la pasión del fuego. Éste se quejará entonces, diciendo que no entiende a su pareja, cuando en realidad tampoco ha hecho el esfuerzo de intentar comprenderla.

Por muy antitéticos que parezcan estos elementos, también tienen posibilidades de prosperar como pareja. Utilizando los elementos auxiliares, se pueden alcanzar puntos de acuerdo. De este modo, el fuego será más sensible si conecta con su propia agua interior. Al tiempo, el agua conectará con su fuego y comprenderá la espontaneidad de su pareja.

LA TIERRA Y LA TIERRA

Si la unión de dos personas fuego es bastante compleja, dos personas terráqueas forman una relación mucho menos explosiva, pero también menos apasionada. Sin duda, esta unión aporta mucha seguridad compartida y bastante serenidad. Difícilmente se separarán, a menos que pasen algún grave bache financiero, o que alguno de los dos se atreva a correr una aventura más interesante. De hecho, en su interior la tierra sueña con aventuras románticas, pero si su posición social está en juego por esta causa, difícilmente se arriesgará a perderla.

En una pareja doblemente tierra, el respeto mutuo y la comprensión están garantizados, ya que ambos tienen objetivos comunes y la misma forma de acercarse a ellos. Quizá esta unión les parezca aburrida o convencional a otras personas, pero no cabe duda de que sus miembros son felices en ella, así que ¿quiénes son los demás para juzgar?

Los problemas del exceso de tierra son fáciles de imaginar. Demasiada energía práctica y poca imaginación, que puede llevar a la pareja a situaciones sin salida. Será necesario que quien tenga al aire como función auxiliar recurra a esta energía para buscar soluciones originales a los conflictos.

LA TIERRA Y EL AIRE

Es difícil que una relación entre estos dos elementos vaya más allá de la amistad, pues se trata de energías que no se atraen especialmente desde el punto de vista erótico. Pero si la relación entre una persona de aire y otra de tierra consigue adentrarse en terrenos más emocionales, sin duda se tratará de una unión sólida y duradera.

En el terreno sexual puede haber algunas divergencias importantes entre estas dos energías. Tierra valora el acto físico y generalmente tiene una visión bastante convencional sobre el sexo. En cambio, el aire prefiere la imaginación, el galanteo verbal, y necesita poner en práctica todo lo que su mente imagina. Así será difícil que ambos puedan disfrutar en la misma cama.

En cualquier caso, el aire puede ser muy estimulante para la tierra, ya que le obligará a levantar la mirada del suelo, a plantearse nuevas perspectivas. Su influencia traerá novedades y cambios a la vida de su terráquea pareja. A cambio, la tierra aportará una visión práctica y realista de la vida que le vendrá muy bien al vaporoso aire. La tierra dará estabilidad y el aire aportará inspiración a esta unión. Juntos, pueden obtener grandes resultados, y son el mejor ejemplo de una relación que puede obtener muchos éxitos en el plano laboral o económico.

Ambos elementos son muy racionales y tienden a ser reservados en sus manifestaciones emocionales, pero en esos mundos interiores pueden entenderse bastante bien.

LA TIERRA Y EL AGUA

Junto a la relación fuego-aire, la combinación de la tierra y el agua tiene fama de ser muy positiva. Cualquier combinación de elementos puede ser favorable si se aprovechan sus mejores cualidades, o puede resultar negativa si nos abandonamos a sus peores defectos.

La tierra es estable, formal, fuerte, aportando al agua la seguridad y protección que ella está buscando. Si el agua cae en uno de sus frecuentes episodios de miedo o depresión, su pareja le aportará grandes dosis de sentido común y serenidad. El agua es fecunda, y como vemos en la naturaleza, es el elemento que provoca la germinación en el seno de la tierra, así como el crecimiento de la vegetación de la que depende toda la vida animal y humana. De aquí se desprende que estos dos elementos sean muy creativos cuando funcionan juntos. Cuando dos personas con estas energías se unen, pueden lograr extraordinarios resultados.

Las relaciones íntimas entre estos elementos son muy satisfactorias para ambos. La persona agua encontrará seguridad emocional en su pareja, sean cuales sean sus inhibiciones. A la persona tierra, su pareja le aporta la sensibilidad y la respuesta emocional que necesita para poder expresarse físicamente.

Los problemas de esta combinación pueden surgir por la excesiva introversión de ambos elementos. Si ambos entran en un período difícil, pueden encerrarse en sus problemas, incapaces de animarse mutuamente ni de buscar soluciones externas. En todo caso, si el agua se vuelve un poco menos errática en sus sentimientos, y la tierra se libera de una parte de su dogmatismo, esta unión puede ser muy constructiva e interesante.

El aire y el aire

Cuando dos personas de aire forman pareja, tienden a crear una unión bastante cerebral, donde los elementos emocionales están en segundo plano. Ambas personas se comunicarán muy bien, y nunca tendrán problema para expresar lo que piensan. El estímulo entre ambos será especialmente bueno, así que pueden emprender estudios o investigaciones en común con gran provecho para ambos.

El principal problema de este tipo de relaciones reside precisamente en el exceso de aire. A veces esta unión se queda en palabras, viviéndose en la distancia y de un modo más platónico que real. Las relaciones entre personas de aire soportan grandes períodos de alejamiento y soledad. En cambio, cuando están juntos, suelen hablar mucho y hacer poco, por lo que esta combinación suele ser muy poco constructiva en el plano material.

Como en todas las combinaciones de elementos similares, las funciones auxiliares son muy importantes y deberás tenerlas en cuenta. La tierra, el fuego y el agua ayudarán a dar un color más vivo a esta unión.

Socialmente, esta pareja puede tener una vida bastante intensa, ya que ambos necesitan relacionarse con mucha gente y precisan una gran dosis de libertad. Ambos saben que necesitan espacio propio y se resienten cuando alguien pretende asfixiarlos, así que probablemente sean tolerantes con las amistades e intereses culturales de su pareja. Si ambas personas aprenden a utilizar sus funciones auxiliares, pueden crear una pareja feliz y divertida.

El aire y el agua

La relación entre el aire y el agua puede ser algo problemática a pesar de la atracción que estos elementos sienten entre ellos. Al aire le fascina el mundo emocional del agua, pero al mismo tiempo se siente fácilmente aprisionado en la compleja maraña sentimental de su pareja. El agua se siente impresionada por la capacidad mental y verbal del aire, y buscará aprender y expresarse a través de su pareja. Pero la frialdad natural del aire y su tendencia a escapar de los compromisos es muy desagradable para el agua.

Este tipo de relación funciona bien en los primeros momentos, cuando cada uno está deslumbrado por las cualidades del otro. Las diferencias entre ambos son muy estimulantes, con un gran romanticismo estimulado por los sentimientos del uno y las dulces palabras del otro. Pero con el paso del tiempo, las aristas se hacen cada vez más visibles y la relación puede acabar entre acusaciones mutuas e incomprensión.

El aire no puede darle al agua la estabilidad que necesita para superar sus baches emocionales, y el agua tiende a asfixiar a su pareja con continuas demandas de cariño. La libertad del aire puede provocar los celos del agua, y ésta puede sentirse humillada por la aparente brillantez de su cónyuge.

Pero como cualquier relación, ésta puede funcionar perfectamente siempre que ambos sean capaces de entender al otro y de llegar a un cierto tipo de acuerdo. El agua debe aprender a dar más libertad, y el aire debe conectar con sus propias emociones para así entender la profundidad sentimental del otro. Cada uno debe ser capaz de ver en sí mismo lo que le fascina y le hiere en el otro, pues esta es una relación donde se producen muchas proyecciones.

El agua y el agua

En nuestro repaso a las relaciones entre los distintos elementos, llegamos al final con la relación que se da entre dos personas de agua. A primera vista, esta unión promete mucha emoción compartida, compasión y cercanía. Estas personas se entenderán con sólo mirarse a la cara, sin necesidad de pronunciar una sola palabra.

Pero el exceso de emociones puede ser tan negativo como su caren-
cia. Si cada uno es hipersensible, será muy difícil que pueda abrirse a
los sentimientos del otro. Las depresiones o los miedos del agua tienden a compartirse y es muy difícil que uno de los dos reúna la fuerza
suficiente como para romper el círculo vicioso. Efectivamente, dos personas de agua tienden a formar una unidad muy sólida, pero su incapacidad de abrirse a los demás puede hacer muy difícil que entren influencias
exteriores.

Las personas de agua temen sentirse rechazadas o abandonadas,
por lo que tienden a mantener la unión a pesar de los conflictos que
puedan surgir. Dos personas de agua difícilmente se separarán, por
muy desgraciada que sea la unión, incrementando así las relaciones de
codependencia. En una crisis, cada uno esperará que sea el otro quien
rompa la relación, para así poder ejercer el papel de víctima.

Como sucede con todas las combinaciones del mismo elemento, las
funciones auxiliares son de mucha ayuda para construir una relación
estable. El fuego ayuda a huir de la depresión y el temor. La tierra aporta estabilidad y resultados tangibles. El aire, comprensión intelectual y
habilidad verbal. Es vital que uses estas herramientas para poder disfrutar de toda la emotividad que ofrece una relación acuática.

A continuación analizaremos las relaciones que se dan entre las diversas cualidades. Como en el caso de los elementos, las relaciones entre
personas que comparten la misma cualidad ofrecen una gran comprensión mutua, pero también la posibilidad de vivir en un auténtico círculo vicioso donde los problemas parecen no tener solución. En cambio,
las combinaciones de distintas cualidades permiten vivir relaciones más
variadas y emocionantes. Estas relaciones plantean el reto de conocer y
comprender al otro, pero proporcionan también una mayor satisfacción
mutua y más posibilidades de aprendizaje y crecimiento.

CARDINAL Y CARDINAL

Las personas cardinales tienen una gran necesidad de reforzar su yo a través de las vivencias cotidianas. Cuando dos personas cardinales se unen en una relación, se puede producir con facilidad una lucha de egos. Cada uno pretende obtener resultados, ganar sus propias batallas. Si existe mucho fuego en la relación, se pueden dar violentas discusiones. Pero el resto de los elementos produce también una inflación del ego bastante peligrosa.

Sentimentalmente, ambas personas pueden dar mucho de sí al comienzo de la relación, aportando una gran dosis de pasión y entrega. Pero para que la relación pueda ser duradera deberán aprender a ser más pacientes y constructivos. Una persona cardinal necesita ilusionarse cada día con lo que hace, y si ambos se esfuerzan por mantener viva la llama, pueden llegar a ser muy felices.

CARDINAL Y FIJO

La combinación de las cualidades cardinal y fija en una relación puede ser muy productiva en todos los terrenos. La persona cardinal sabe hacia donde hay que dirigir los esfuerzos, mientras que la fija empujará con determinación en esa dirección. Si ambos están bien compenetrados, pueden lograr lo que se propongan. Su principal defecto es que carecen de la versatilidad necesaria para cambiar de rumbo cuando las cosas no vayan tan bien. Será necesario que recurran a la energía del aire para poder responder a los retos con la adecuada flexibilidad.

En el plano estrictamente sentimental, la persona cardinal puede aportar la dosis de aventura y romance que el fijo necesita para sentirse estimulado. Por otra parte, éste dará estabilidad a la unión, lo que augura una relación muy fructífera para ambos.

CARDINAL Y MUTABLE

Las energías cardinal y mutable pueden tener algunos problemas para poder funcionar juntas. Por un lado, cardinal intenta crear, avanzar, comenzar nuevos proyectos. Por su parte, mutable vive feliz en el cambio y la renovación. A primera vista podría parecer una buena combinación, pero en realidad hay una gran falta de sustancia en esta unión. Si no recurren al elemento tierra, estas personas pueden desperdiciar gran cantidad de energías y recursos sin llegar nunca a alcanzar resultados tangibles.

En el plano emocional, la persona mutable se cansará pronto del egocentrismo de su pareja, mientras que aquella lamentará la falta de decisión de su mutable cónyuge. Uno abre camino, pero el otro no tiene demasiado interés por profundizar en el surco abierto, y constantemente quiere volar en otra dirección. Para estas personas será fundamental hallar algo de estabilidad, de lo contrario sentirán que están perdiendo el tiempo.

FIJO Y FIJO

La combinación de energías fijas en dos personas puede crear una atmósfera de gran obstinación y bloqueos. Si los objetivos que persiguen son comunes, ambos avanzarán de manera lenta pero firme hasta conseguirlos. Se convertirán entonces en una fuerza arrolladora. Pero si tienen visiones diferentes y expresan elementos muy opuestos, pueden llegar fácilmente a un punto muerto. Cada uno tira en una dirección opuesta, y ninguno es capaz de reconocer la verdad del otro. Buscando funciones auxiliares comunes se puede dirigir esta energía en la dirección más productiva para ambos.

Emocionalmente, ambos expresarán la energía de sus elementos predominantes con gran perseverancia. Si esos elementos combinan bien, no existirán grandes problemas, pero en caso contrario será difícil que alguno ceda para alcanzar la paz.

FIJO Y MUTABLE

Entre las combinaciones de distintas cualidades, la fijo-mutable es una de las más complejas y fascinantes. La persona fija quiere permanencia, sostener lo que ya existe, mientras que la mutable intenta por todos los medios alterar la realidad, transformarla en otra cosa. Evidentemente, es difícil que cada uno se sienta cómodo con el otro, y más bien pueden pensar que su pareja les saca de quicio. Pero si ambos aprenden a ser tolerantes, pueden desarrollar una relación muy intensa y creativa. La versatilidad emocional de la persona mutable puede estimular al fijo, mientras que éste aportará algo de estabilidad a la unión. En todo caso, desarrollar el elemento fuego es crucial para que exista un impulso definido en alguna dirección. Respetando sus diferencias, esta pareja puede encontrar el equilibrio que necesitan para ser felices.

MUTABLE Y MUTABLE

El exceso de energía mutable puede crear mucha dispersión en el seno de la pareja. Si bien ambos son adaptables y versátiles, les costará mucho ser persistentes y difícilmente solucionarán sus conflictos. En el mejor de los casos, cada uno intentará adaptarse a la forma de ser del otro y no surgirán grandes problemas. Pero en el esfuerzo por amoldarse a la pareja, ambos pueden sentir que han perdido parte de su individualidad, lo que acaba provocando amargos reproches. Una pareja de dos personas mutables diluye sus energías y debe buscar algo de tierra entre sus funciones para poder mantenerse unida. En caso contrario, cada uno volará por separado al menor contratiempo.

EL SOL, LA LUNA Y EL ASCENDENTE

Otro de los puntos fundamentales a la hora de conocer el grado de compatibilidad entre dos personas consiste en analizar las relaciones que se dan entre los astros más importantes de cada uno, es decir, el Sol y la Luna, así como el eje fundamental del horóscopo, el Ascendente.

En la Tabla 1 puedes ver la posición por signo del Sol, la Luna y el Ascendente de Humphrey Bogart y Lauren Bacall. Tú debes construir una rejilla similar en la que anotarás el signo donde se hallan tu Sol, Luna y Ascendente, así como los de tu pareja.

	Bogart	Bacall
Sol	Acuario	Virgo
Luna	Cáncer	Aries
Ascendente	Géminis	Leo

Tabla 1

Planetas y ángulos de Bogart y Bacall

Por regla general, todas las relaciones significativas que formamos en nuestra vida implican también algún tipo de conexión entre estos tres elementos de la Carta. Por ejemplo, la Luna de uno está en el mismo signo que el Sol del otro, o bien el Sol de uno está en el signo opuesto al del Ascendente de su cónyuge. En el caso de Bogart y Bacall, es el Sol de él el que está en el signo opuesto al Ascendente de ella (Sol de Bogart en Acuario, Ascendente de Bacall en Leo).

RELACIÓN ENTRE AMBOS SOLES

Si los soles de ambas personas están en el mismo signo, ambos tenderán a simpatizar en sus objetivos y manera de ser. Pueden sufrir los mismos conflictos que las parejas que comparten elemento o cualidad, es decir, demasiada energía volcada en una sola dirección y pocas posibilidades de cambio o evolución.

Cuando los soles se hallan en signos opuestos (ver Tabla 2) indican una gran atracción, pero también muchos retos que superar. Comprender que el otro no es una proyección de nuestros deseos y aprender a conocerle es algo muy importante para que la relación funcione.

Si ambos planetas están en cuadratura, los objetivos de ambas personas serán diferentes, pero intentarán llegar a ellos por los mismos medios. En cualquier caso, no será un signo grave de incompatibilidad.

Signo	Oposición	Cuadratura	Trigono
Aries	Libra	Cáncer Capricornio	Leo Sagitario
Tauro	Escorpio	Leo Acuario	Virgo Capricornio
Géminis	Sagitario	Virgo Piscis	Libra Acuario
Cáncer	Capricornio	Aries Libra	Escorpio Piscis
Leo	Acuario	Tauro Escorpio	Aries Sagitario
Virgo	Piscis	Géminis Sagitario	Tauro Capricornio
Libra	Aries	Cáncer Capricornio	Géminis Acuario
Escorpio	Tauro	Leo Acuario	Cáncer Piscis
Sagitario	Géminis	Virgo Piscis	Aries Leo
Capricornio	Cáncer	Aries Libra	Tauro Virgo
Acuario	Leo	Tauro Escorpio	Géminis Libra
Piscis	Virgo	Géminis Sagitario	Cáncer Escorpio

Tabla 2
Relación angular entre signos

Cuando los soles están en trígono, los temperamentos de ambos conviven en buena armonía, aunque puede haber algo de aburrimiento o desidia con el paso del tiempo.

RELACIÓN ENTRE EL SOL Y LA LUNA

La relación entre el Sol y la Luna es muy importante en todas las relaciones entre personas de distinto sexo. Tradicionalmente, si el Sol del hombre está en el mismo signo que la Luna de la mujer, es un excelente presagio sentimental. Del mismo modo, la situación contraria es también muy positiva, ya que hay una gran conexión entre los sentimientos y la personalidad de cada cual.

La oposición entre los signos del Sol y la Luna promete una gran atracción dentro de la pareja. Cada uno puede ver reflejados en el otro sus deseos más íntimos, y generalmente habrá opciones para que esos sentimientos salgan a la luz.

La cuadratura entre los signos del Sol y la Luna puede traer bastantes problemas. La persona que tiene a la Luna puede sentir que su pareja es dominante, orgullosa e insensible. Éste a su vez, sentirá que su cónyuge es demasiado sensible y blando. El reto de conciliar ambas visiones puede traer conflictos, pero si se solucionan generan una gran satisfacción.

Si los signos del Sol y la Luna están en trígono, hay mucha atracción, armonía y compatibilidad. La relación puede ser muy relajada y tranquila, pero faltarán emociones intensas, a menos que el fuego esté presente.

RELACIÓN ENTRE EL SOL Y EL ASCENDENTE

Si el Sol de uno está en el mismo signo que el Ascendente del otro, hay mucha semejanza entre la forma de ser del primero y la apariencia externa o el comportamiento del segundo. Es una posición muy común en los matrimonios y augura una relación larga, de mutua comprensión.

Si el Sol está en el signo opuesto al Ascendente, existirá una excelente comunicación entre ambas personas. La persona de cuyo Ascendente estamos hablando, sentirá una enorme atracción por su pareja y quizás desee vivir a través de ella y sus intereses. Las proyecciones son muy fuertes con esta posición y puede crearse una gran dependencia entre ambos.

Cuando el Sol y el Ascendente están en cuadratura pueden existir algunas tensiones entre ambos, pero también hay una gran cooperación en áreas como la vida profesional u hogareña. Esta es una posición que no anuncia grandes pasiones, pero que puede ser muy positiva en una relación de amistad, familiar o laboral.

Si el Sol y el Ascendente se hallan en trígono, la relación puede ser muy fácil, pero también algo aburrida. Faltan retos que solucionar (a menos que los elementos o cualidades así lo indiquen) y no se experimentará un gran crecimiento personal. Esta combinación puede dar lugar a relaciones duraderas, pero también intrascendentes.

Relación entre ambas lunas

La relación entre los signos que ocupan las lunas es muy importante en cualquier relación seria. Cuando las lunas comparten el mismo signo, la sensación de pertenencia mutua es muy fuerte. Ambas personas pueden solucionar sus problemas sentimentales con cierta facilidad, y sin duda saben como protegerse y cuidarse mutuamente.

Las lunas en signos opuestos pueden dar la sensación de que uno no está completo con el otro, pero tampoco sin él. Esta posición es muy dinámica y puede promover grandes cambios en el curso de una relación. Las personas con cierta madurez emocional sabrán aprovechar muy bien los retos de esta posición para crecer interiormente.

Si las lunas están en signos en cuadratura, cada uno puede sentir que no se encuentra a gusto con el otro. Existe un cierto sentimiento de incomodidad que hace muy difícil llegar a una relación íntima.

Las lunas en signos que hacen trígono entre sí prometen mucha facilidad en la expresión emocional. Cada uno se siente cómodo con el otro, comprendido en sus sentimientos más íntimos.

Relación entre la Luna y el Ascendente

La conjunción entre los signos de la Luna y el Ascendente permite vivir una relación en la que las emociones procuran una gran atracción física. Uno puede sentirse atraído por el otro gracias a su apariencia, y éste le responderá buscando ser protegido y cuidado por la maternal Luna de su cónyuge.

La oposición entre los signos de la Luna y el Ascendente es también muy atractiva, pero en este caso uno puede amar al otro a pesar de sus defectos. Gran parte de las energías de la pareja se perderán entonces intentando limar esos aparentes fallos, que quizás no sean tan reales como parecen.

La cuadratura entre ambos signos indica conflictos en el hogar o en el desarrollo profesional, mientras que el trígono procura cierta facilidad a la hora de comunicar y entender las emociones de cada uno.

RELACIÓN ENTRE AMBOS ASCENDENTES

El contacto entre los signos de los ascendentes suele involucrar a más de un ángulo de la Carta. En todos los casos, y sea cual sea el aspecto entre ambos signos, se tratará de una relación muy significativa, pero que puede ser bastante superficial.

Aquí cada uno está interesado en la parte externa del otro, en su apariencia y en la máscara que presenta ante el mundo, pero faltará cierta comprensión íntima. Si existen otros contactos entre las lunas y soles respectivos, esta tendencia se moderará bastante, e incluso puede ser positiva para el desarrollo de la vida social y profesional de la pareja.

Capítulo 6

Influencias mutuas

*L*a compatibilidad entre dos personas, que hemos analizado en el capítulo anterior, es sin duda el primer paso para que pueda iniciarse una relación entre ambas. Pero una vez que la relación ha comenzado, dejamos de ser seres completamente individuales y aislados para comenzar a recibir el influjo de la otra persona. Algunas de estas influencias son muy evidentes, otras en cambio son tan sutiles que nos cuesta darnos cuenta de su existencia.

Las influencias mutuas son muy importantes en el desarrollo de una relación, ya que provocan cambios en nosotros y nos permiten crecer, conocernos y conocer a los demás.

Un método sencillo y eficaz para conocer estas influencias consiste, simplemente, en poner los planetas de tu pareja en tu Carta y viceversa.

Para realizar esta combinación de cartas necesitarás contar con dos juegos de datos que debes extraer tanto de tu Carta Astral como de la de tu pareja:

- ◆ Las posiciones planetarias de ambos.
- ◆ Las cúspides de las casas en las dos cartas.

En la Tabla 1 aparecen las posiciones de los planetas y las cúspides (inicio) de las casas de Humphrey Bogart y Lauren Bacall. Para simplificar todos los cálculos que realizaremos en lo sucesivo, estos datos están redondeados a una cifra entera. Si tus datos están en un formato que contiene grados y minutos (por ejemplo: 3° 36' Acuario), te recomiendo que efectúes el redondeo. Para realizarlo, fíjate en la cifra en minutos y realiza la siguiente transformación:

- ◆ Si la cifra en minutos está entre 0 y 29, simplemente elimínala y quédate con la cifra en grados. Por ejemplo: 23° 07' Virgo => 23° Virgo.

- ◆ Si está entre 30 y 59 minutos, suma 1 grado y elimina también los minutos. Por ejemplo: 3° 36' Acuario => 4° Acuario.

En el Apéndice, pág. 169, encontrarás cuadrículas como las que aparecen en la Tabla 1. Escribe en ellas los datos referidos a tus planetas y casas, así como los de tu pareja. Ten en cuenta que las cúspides de las casas 7 a las 12 son exactamente las opuestas a las de las seis primeras. Así, si la cúspide de la casa 1 de Bogart es 21° Géminis, su opuesta, la 7, es 21° Sagitario.

Una vez que tengas estos datos, vamos a elaborar dos esquemas en los que combinaremos tus casas con los planetas de tu pareja y viceversa. Como puedes observar, en la Figura 1 hemos trazado un círculo y lo hemos dividido en doce partes iguales. Las casas están numeradas en sentido contrario al movimiento de las agujas del reloj, tal como sucede en la Carta Astral.

Sobre este esquema hemos añadido una serie de datos. En primer lugar, las cúspides de las casas, que corresponden a las del tema natal de Humphrey Bogart. Como dijimos anteriormente, las casas opuestas se inician en el mismo grado, pero en signos opuestos. La casa 1 se inicia en 21° Géminis y la 7 en 21° Sagitario.

Planetas	Bogart	Bacall
Sol	4° ACU	23° VIR
Luna	1° CAN	29° ARI
Mercurio	12° CAP	14° VIR
Venus	18° SAG	7° LEO
Marte	27° CAN	26° ACU
Júpiter	9° ESC	12° SAG
Saturno	20° SAG	0° ESC
Urano	7° SAG	19° PIS
Neptuno	22° GEM	21° LEO
Plutón	14° GEM	13° CAN

Casas	Bogart	Bacall
1 Ascendente	21° GEM	10° LEO
2	12° CAN	1° VIR
3	3° LEO	26° VIR
4	27° LEO	28° LIB
5	29° VIR	4° SAG
6	10° ESC	10° CAP
7	21° SAG	10° ACU
8	12° CAP	1° PIS
9	3° ACU	26° PIS
10 Medio Cielo	27° ACU	28° ARI
11	29° PIS	4° GEM
12	10° TAU	10° CAN

Tabla 1

Longitudes de los Planetas y Casas de Bogart y Bacall

Si analizas con cuidado el círculo de las casas, observarás que dentro de la 5ª hemos puesto el signo de Libra, y en su opuesta, la 11ª, el signo contrario de Aries. Esto indica que todo el signo de Libra está comprendido dentro de la casa cinco, del mismo modo que todo el signo Aries lo está en la casa once.

Dentro del esquema de las casas hemos situado los planetas de Lauren Bacall. Así por ejemplo, su Sol, que se halla a 23° de Virgo, está en la casa 4 de Bogart, es decir, después de la cúspide de esa casa (a 27° de Leo) y antes de la cúspide de la quinta (a 29° de Virgo). Como se trata de un esquema, no es necesario situar el planeta en su lugar exacto, como haríamos en una carta astral. Simplemente lo situamos dentro de la casa que le corresponde.

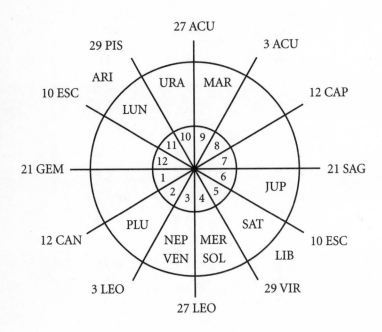

Figura 1
Casas de Bogart y Planetas de Bacall

La Luna de Bacall está a 29° de Aries. Como ya hemos visto, todo el signo de Aries se encuentra dentro de la casa 11, así que no hay ninguna duda acerca de cuál es su lugar. Mercurio está en los 14° de Virgo, es decir, antes de la cúspide de la 5 y por tanto dentro de la casa 4. El resto de los planetas siguen el mismo esquema.

En la Figura 2 puedes observar el esquema que complementa el anterior. Dentro del conjunto de las casas de Lauren Bacall hemos situado los planetas de Bogart. Observa cómo se distribuyen las cúspides de las casas y cómo cada planeta de Bogart encuentra su lugar dentro del esquema. Así, el Sol de Bogart a 4° Acuario se encuentra en la casa 6 de Bacall entre los 10° de Capricornio y los 10° de Acuario que corresponden a la casa siguiente.

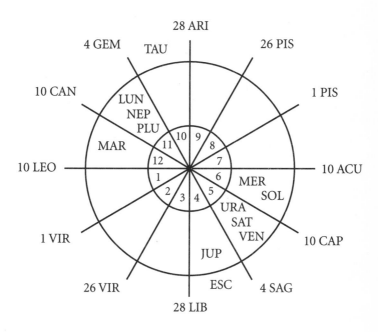

Figura 2
Casas de Bacall y Planetas de Bogart

Si dedicas unos minutos a comprobar cómo se construyen estos esquemas, podrás comprobar que son realmente muy sencillos y efectivos, pues expresan con claridad cómo se ejerce la influencia de una persona sobre otra. Las casas indican el área concreta en que se produce el influjo, y los planetas allí incluidos permiten identificar el tipo de energías que están en juego. Así, si tu pareja tiene a su Marte en tu casa seis, indicará una influencia activa e incluso agresiva sobre tu vida laboral y tu salud. En el plano positivo, tu pareja te puede impulsar a trabajar con mayor ahínco, a mejorar tu rendimiento, y a exigir que se reconozca tu valor. Pero si la relación no es tan constructiva, puede darse algún tipo de actuación agresiva que influya sobre tu salud. En este caso, como en cualquier otro análisis astrológico, la forma en que uses tus energías planetarias o aceptes las de los demás, depende de tu grado de conciencia.

Como es lógico, el siguiente paso en nuestro análisis consiste en realizar dos esquemas que combinen por un lado tus casas con los planetas de tu pareja, y por otro, las casas de tu pareja con tus planetas. El primer esquema explicará la influencia que esta persona ejerce sobre ti y el segundo, el influjo que tú provocas en ella. Para evitar confusiones, anota primero las casas en ambos círculos y luego combina los planetas en uno y otro. No tengas prisa en realizar estos esquemas y tómate un tiempo para revisarlos pues es bastante fácil cometer algún error.

Una vez que hayas realizado y revisado ambos esquemas, pasaremos a analizar el simbolismo de cada planeta en las casas. La información que se presenta a continuación es una sugerencia para la interpretación, ya que tú debes aplicar este simbolismo a tu caso concreto, teniendo en cuenta los datos que se han ofrecido hasta ahora. Para lograr que el texto sea más comprensible, hablaré desde el punto de vista de tu Carta, es decir, de la influencia de los planetas de tu pareja sobre ti. Pero no olvides que debes estudiar tanto las influencias que recibes como las que realizas sobre tu pareja.

El Sol

La posición del Sol indica la zona donde desarrollamos nuestro yo y donde sentimos la fuerza individual de nuestra pareja. Si el Sol está en la casa 1, hay un sentimiento de afinidad muy importante. El origen de la atracción puede ser físico, pero no hay duda que con el tiempo se desarrollará un profundo vínculo donde la otra persona desarrollará nuestro ego y autoestima de un modo saludable. Cuando ocupa la casa opuesta, la número 7, se produce una gran atracción entre opuestos. De algún modo se cumplen nuestras expectativas y sentimos que la otra persona está ahí para complementarnos de un modo natural, ya que tiene lo que necesitamos para desear construir una relación.

En la casa 2, se comparten valores similares, y también se da una gran importancia a los ingresos y la forma de ganar dinero. La otra persona puede ser de gran ayuda en el plano económico. En su opuesta, la 8, podemos sentir una cierta dependencia económica y sexual de nuestra pareja. Los juegos de poder estarán a la orden del día y quizá sientas que tu estabilidad y autoconfianza están en manos de la otra persona.

Si el Sol ocupa las casas 3 ó 9, el énfasis se da en los aspectos mentales de la relación. El diálogo se vuelve muy importante, así como los estudios o viajes realizados en común. Quizás no sea una relación muy pasional, pero sí puede ser satisfactoria para muchas personas.

Con el Sol en la casa 4 ó 10, es evidente que la pareja juega un papel relacionado con uno de nuestros padres. Probablemente haya una diferencia de edad importante entre ambos, o quizá su carácter reproduzca fielmente ese complejo parental. Si el Sol está en la 4, el hogar será muy importante, mientras que si está en la 10, puedes recibir un gran impulso en el área profesional. En ambos casos es muy importante que reflexiones seriamente sobre la relación que has tenido con tus padres, pues es la clave para entender y mejorar tu relación actual. El Sol de Bacall está en la casa 4 de Bogart, lo que refuerza el vínculo filial que existía entre ambos, ya que ella ejerció no sólo como su esposa, sino también un poco como su madre.

Si el Sol está en la casa 5, el romance formará parte de la relación. Existe una gran necesidad de renovar los sentimientos de un modo permanente, y cierta ansiedad para que los brillantes destellos del enamoramiento no se apaguen en el contacto con la vida cotidiana. Los hijos serán importantes con esta posición solar y pueden traer una gran felicidad a la pareja. En su opuesta, la casa 11, los sentimientos de camaradería y amistad serán muy fuertes. Verás a tu pareja como un cómplice y puedes sentir que a través de él o ella se cumplen tus más profundos deseos.

Cuando el Sol está en la casa 6, habrá una buena posibilidad de trabajar juntos. Tu pareja puede infundir en ti el deseo de incrementar tu laboriosidad y mejorar tus resultados en todos los ámbitos. También puede ser alguien que te impulse a tener hábitos de vida más saludables, extremos ambos que se dieron en la relación entre Bogart y Bacall. En su opuesta, la casa 12, el Sol de tu pareja puede tener un efecto muy profundo sobre ti. Quizás te obligue a comprender cuáles son tus habilidades escondidas, tus más escondidos secretos. Es una situación compleja, pues puede hacerte sentir débil o sin protección, pero también es altamente creativa siempre que se aproveche en todo su potencial.

LA LUNA

La Luna es también un planeta muy importante a la hora de analizar las influencias mutuas entre dos personas. Representa el nivel emocional más profundo y la forma en que nuestra pareja puede nutrirnos sentimentalmente. De este modo, cuando su Luna está en nuestra casa 1, existe una enorme habilidad para conectar emocionalmente, incluso sin necesidad de hablar. Es como si nuestra pareja nos sintiera de un modo profundo y directo. En su opuesta, la casa 7, se siente la necesidad de cuidar del otro, de estar atentos a sus necesidades.

Con la Luna en las casas 2 u 8, los sentimientos relacionados con el dinero, el sexo, o los valores morales están en un primer plano. Hay una gran facilidad para conectar en el plano financiero, pero si las cosas van mal, los sentimientos de tristeza o desánimo se contagian con demasiada facilidad. Hay que estar atentos para que esta conexión no resulte negativa.

Si la Luna se encuentra en las casas 3 ó 9, los sentimientos se mezclan con facilidad con la expresión verbal. Hay un gran intercambio de emociones a través de gestos y miradas, y uno puede sentirse muy confortado con las palabras o los intereses espirituales de su pareja.

Cuando la Luna está en las casas 4 ó 10, su potencial nutricio es muy importante. La pareja puede convertirse en alguien que nos dé fuerza y podemos sentirnos atados emocionalmente a su energía. El hogar y la vida profesional se vuelven muy importantes en la relación. Esta situación de la Luna puede dar lugar a relaciones de codependencia.

En las casas 5 u 11, los temas relacionados con el sentimiento se vuelven especialmente relevantes. Las emociones pueden ser especialmente intensas con la Luna en la casa 5. Hay una gran dosis de romanticismo y un impulso positivo hacia la maternidad y el cuidado de los hijos. En la casa 11, los sentimientos nos invitan a ampliar el círculo social y amistoso.

Por último, cuando la Luna se halla en la casa 6, las emociones se desarrollan en el plano laboral. La pareja puede ser alguien que nos cuide en la enfermedad, lo que será especialmente cierto cuando la Luna se encuentre en la casa 12. Los deseos de aislamiento, de formar un núcleo separado del mundo pueden ser muy fuertes con esta posición.

MERCURIO

La influencia de Mercurio muestra áreas donde la comunicación es más fluida. Aquí, la influencia de la pareja permite mejorar la expresión de los temas relacionados con la casa, así como el desarrollo de nuestra mente en esas áreas. Si se trata de la casa 1, la pareja facilita la expresión de la propia personalidad. En la 2, Mercurio ayuda a mejorar nuestra relación con el dinero, mientras que en la 3, favorece el desarrollo de la mente y la expresión de un modo general. En la casa 4, mejora el diálogo en el hogar y acerca de los temas domésticos. Situado en la casa 5, Mercurio facilita la expresión de las emociones y es muy benéfico en el desarrollo de la propia creatividad. En la casa 6, mejora los temas relacionados con la vida laboral, mientras que en la 7, la expresión verbal en el seno de la pareja se vuelve muy importante. En la casa 8, la expresión de los deseos más íntimos es fundamental y en la 9, de las ideas y la propia filosofía. Mercurio en la casa 10 mejora la comunicación en el área laboral, mientras que en la 11, facilita la expresión en el área social y en el núcleo de amistades compartidas. Por último, Mercurio en la casa 12 debería mejorar la comprensión del propio inconsciente, pero en muchos casos, tiene un efecto demasiado oscuro, favoreciendo que se compartan miedos o inseguridades.

VENUS

Venus ejerce una influencia muy tranquila y benéfica en las relaciones, indicando zonas donde nos sentimos comprendidos y queridos. En la casa 1, Venus favorece una expresión armónica de la propia individualidad. En esta posición es donde uno se siente verdaderamente amado, contando con la aprobación de la pareja. En la 2 favorece la economía y facilita los negocios en común, como sucede también en la 6. Si Venus está en la 3, la comunicación entre ambos se vuelve muy relajada, y podemos sentirnos seducidos por la expresividad de la otra persona. En la 4 se favorece la vida hogareña y puede existir la tendencia a sentir que la pareja actúa como un padre o una madre con nosotros. En la 5 o la 7, este planeta augura sentimientos románticos y mucha armonía. Si Venus está en la casa 8, ayuda a alcanzar una expresión más auténtica de la sexualidad y facilita que la vida íntima sea más placentera. En la 9 favorece el desarrollo filosófico y moral, siendo un suave estímulo para los estudios y los viajes de placer. En la 10, tiene un benéfico efecto sobre la vida profesional, mientras que en la 11 este efecto se da sobre la sociabilidad y el desarrollo de las amistades. En la casa 12, Venus traslada su poder al reino oculto de lo inconsciente. Quizás puedes sentir que tu pareja no expresa fácilmente sus sentimientos más cariñosos, lo cual puede causar algún problema.

MARTE

Marte indica zonas donde recibimos una gran cantidad de energía. Esta energía puede ser canalizada positivamente, de un modo enérgico y creativo, o bien de forma negativa a través de la violencia o la ira. En la casa 1, Marte pone un gran énfasis en nuestra individualidad, dando nuevas energías a la expresión de nuestras características personales. En la 2 podemos sentir la necesidad de cambiar y renovar nuestros valores en contacto con la pareja, así como la revitalización de nuestra vida económica. En la 3 o la 9 aviva el diálogo, sea éste trivial o profundo. En la casa 4, se activa vivamente la vida doméstica, mientras que en la 5 lo que se aviva es la atracción erótica, como ocurre también en la 8. Si Marte está en la casa 6, motiva un espíritu más laborioso y una mayor preocupación por la propia salud. En la 7 podemos sentir que nuestra pareja intenta constantemente activar el compromiso y deberíamos responder a sus impulsos. Marte revitaliza la carrera cuando se halla en la casa 10, y sabe dar vida a las actividades sociales cuando se halla en la 11. En la 12 puede ser un potente estímulo para eliminar dependencias y descubrir potencialidades ocultas.

JÚPITER

La casa donde se encuentra Júpiter representa un área donde hay expansión, donde nos sentimos apoyados y donde se confirman nuestras creencias. En la casa 1, este planeta indica que nuestra pareja puede ser un buen apoyo en el desarrollo y afirmación de nuestra personalidad. En la 2, indica expansión monetaria, mientras que en la 3, el crecimiento favorece la expresión y el desarrollo mental. Con Júpiter en la casa 4, es la vida doméstica quien se ve favorecida. En la casa 5, la pareja se puede convertir en un gran apoyo en las áreas creativas o afectivas. En la 6 y en la 10, se favorece la vida profesional y el desarrollo de la carrera. En la 7 se reforzarán los vínculos sentimentales serios. En la 8 puede mostrarse como una benéfica influencia a la hora de afrontar cambios vitales. Por otra parte, si se encuentra en la casa 9, Júpiter simboliza la posibilidad de que nuestra pareja nos arrastre a una mayor conciencia espiritual. En la casa 11, señala la expansión en el plano social y en la 12, el descubrimiento del inconsciente y todo lo oculto en nuestra mente.

SATURNO

El Saturno de nuestra pareja aporta responsabilidad y estabilidad a nuestra vida, aunque también puede ser un factor limitante en algunos momentos. Como en el caso de Marte, el poder de Saturno debe ser utilizado positivamente para extraer de él sus mejores cualidades. Si está en la casa 1, es probable que tu pareja se sienta responsable de tu bienestar. También puedes tomar más en serio tus propios deseos con esta posición. En la casa 2, es el sector de las finanzas lo que exige mayor atención y realismo. En la 3 pueden crearse algunas dificultades a la hora de dialogar, que deben superarse con perseverancia y paciencia. Si está en la 4 o en la 10, este planeta revela la existencia de un rol padre-hijo en la relación. Probablemente la pareja actúe de un modo paternalista o sobreprotector. En la casa 5 puede indicar una relación donde el enamoramiento debe dar lugar a una relación más seria, y nuestra pareja exige que esta evolución se dé cuanto antes. Lo mismo puede decirse en la casa 7. Si Saturno está en la casa 6, pueden darse restricciones en el plano laboral y existe la necesidad de revisar con cuidado esta cuestión. En la casa 8 pueden existir represiones sexuales fomentadas por la pareja, pero también una necesidad de acometer cambios profundos en nuestra personalidad. En la 9 favorece una toma de conciencia más profunda en nuestra vida. Por último, Saturno en la casa 11 nos fuerza a mirar las relaciones sociales con mayor seriedad. En la 12 implica la existencia de algunos patrones automáticos de comportamiento que requieren un profundo y serio examen.

URANO

Urano es un planeta que introduce novedades y cambios en nuestra vida. En el contexto actual, señala el impulso de renovación que nos inspira nuestra pareja. Los cambios se pueden producir en la propia personalidad (casa 1), en las finanzas (2), en la expresión (3), en la vida hogareña (4), en la creatividad y afectividad (5), en la vida laboral (6), en las relaciones sentimentales (7), en el sexo y las emociones profundas (8), en la filosofía de vida (9), en la profesión (10), en la vida social (11) o en la vida interior (12). Aprovechar la energía de Urano es un paso muy positivo para invocar cambios en nuestra vida.

NEPTUNO

La influencia de Neptuno es siempre bastante nebulosa y complicada. La relación con el propio Neptuno es muy importante para poder vivir con la porción de esta energía que provenga de otra persona. Neptuno puede oscurecer nuestra razón, pero también aporta inspiración y romanticismo. En la casa 1 ó 7 puede cegar la verdadera razón por la que se da la relación. En la casa 2 complica nuestra visión del mundo económico y los valores morales. En la 3 sabe provocar formas de comunicación muy particulares. En la casa 4 produce ilusiones en el área de la familia y el hogar. En la 5 genera sueños románticos que no siempre se corresponden con la realidad. Si está en la casa 6 o en la 10, es la vida laboral lo que puede verse empañada por sueños de difícil realización. En la 8, hay sentimientos ocultos de carácter erótico, y en la 9 surgen ideas religiosas o místicas. En la casa 11 estimula relaciones sociales difíciles y el acercamiento a personas de dudosa reputación. Por último, en la casa 12, la acción de Neptuno se vuelve muy subterránea e inconsciente. Las ilusiones y las fantasías que nos provoca la relación pueden ser especialmente insidiosas aquí.

PLUTÓN

En el análisis de la interacción, el efecto de Plutón es similar a la de Marte, sólo que más intenso y menos evidente. El Plutón de la otra persona genera en nosotros una gran cantidad de energía que se manifiesta en los temas relacionados con la casa en que se encuentra. Pero la influencia de Plutón es poco clara y puede generar conflictos de poder. De este modo, la mejor manera de tratar con las energías de este planeta es ser consciente de ellas, observando el área en que ejerce su dominio y relajando las tensiones que puedan surgir. Para analizar el simbolismo plutoniano, te recomiendo que revises la información que hemos dado sobre Marte, teniendo en cuenta que los efectos de Plutón son más subterráneos.

LAS CASAS VACÍAS

Todos tenemos en nuestra Carta Natal un cierto número de casas vacías, es decir, no ocupadas por ningún planeta. Esto se debe a que el número de casas es de doce, y sólo hay diez planetas astrológicos. Por ejemplo, en la Carta Astral de Humphrey Bogart (pág. 49) las casas 3, 4, 10 y 11 aparecen vacías de planetas.

En el análisis de las influencias mutuas es muy importante analizar qué planetas de tu pareja vienen a ocupar las casas vacías de tu Carta y viceversa, ya que estos planetas nos pueden ayudar a vivir y expresar el contenido de esas casas. Siguiendo el ejemplo de Bogart, podemos observar que Lauren Bacall cubrió todas las casas vacías de él con algunos de sus planetas (Fig.1). A la 3 de Bogart aportó a Venus y a Neptuno. Con lo que le ayudó a dar un mayor tono emocional a su antes cortante expresión. En la casa 4 de Bogart aparecen el Sol y Mercurio de Bacall, dotándole de un mayor sentido familiar. No en vano, después de tres matrimonios sin hijos, Bogart consiguió ser padre junto a Lauren Bacall, y encontró la estabilidad en su vida. El Urano de Bacall en la casa 10 de Bogart tuvo gran influencia en el hecho de que él, un actor sumiso ante los atropellos del estudio en que trabajaba, comenzara a tomar una postura más activa en defensa de sus derechos laborales. Por último, su Luna en la 11 favoreció su vida social, al tiempo que le hizo ser un hombre más fiel y más entregado con sus amigos, a quienes por cierto, siempre defendió en los peores momentos. De ser un hombre cínico y bebedor, aunque siempre honesto, Bogart pasó a ser más humano y sensible gracias a la influencia de su esposa.

Como puedes ver a través de este ejemplo, las casas vacías representan áreas de nuestra experiencia que en muchas ocasiones no son fácilmente accesibles a la conciencia. Son zonas a desarrollar, que requieren un esfuerzo por nuestra parte para poder ser vividas de un modo pleno. Pero si los planetas de nuestra pareja ocupan algunas de esas casas vacías, pueden ser un excelente estímulo que nos obligue a tomar conciencia de esos puntos ciegos.

Por este motivo es de la máxima importancia que averigües si puedes contar con esta ayuda y la aproveches de un modo deliberado. Busca tus casas vacías y los planetas que te aporta tu pareja en esos sectores. A continuación observa cómo funcionan esos planetas en la convivencia entre ambos. ¿Acaso no es su Marte en tu casa vacía 6 quien te está animando a ser más eficaz en tu trabajo? ¿O quizás no es su Venus en tu 5ª desocupada quien te pide ser más sensual?

Habla con tu pareja y exprésale tu agradecimiento por esa ayuda que te presta. Porque aunque no seáis conscientes de ello, ese estímulo existe, y así la estarás animando a que persista. Ten en cuenta que esos planetas en tus casas vacías son un regalo de la vida, y gracias a regalos como éstos, aprendemos que las relaciones son algo bueno para todos nosotros.

Capítulo 7

Interaspectos

*L*a interpretación de los interaspectos es otra de las técnicas que se utilizan para estudiar la interacción entre dos personas. La técnica de los interaspectos es algo compleja y tiene importantes limitaciones que analizaremos más adelante. No obstante, esta herramienta puede ser útil en determinados casos y merece ser tenida en cuenta.

Llamamos interaspectos a los aspectos que se dan entre los planetas de dos personas. Es decir, entre cada uno de los diez planetas de ambos más el Ascendente y el Medio Cielo de cada uno. Así, se calculan los aspectos de tu Sol con todos los planetas de tu pareja. Luego se sigue con tu Luna, tu Mercurio, etc. Los interaspectos siempre se calculan entre los planetas de una persona y los de la otra, nunca entre tus propios planetas, y siempre combinando todos con todos.

Para calcular los interaspectos entre dos planetas dados, debes usar sus posiciones natales. Por ejemplo, el Sol de Bogart (4° Acuario) y Venus de Bacall (7° Leo). A continuación, sigue estos pasos:

1. Resta las longitudes de ambos planetas, sustrayendo siempre el menor del mayor. En nuestro ejemplo: 7 – 4 = 3.

2. Si la diferencia es mayor que 5, no sigas calculando y pasa al siguiente par de planetas ya que entre ambos no hay ningún interaspecto.

3. Si la diferencia es menor o igual a 5, busca los signos en la Tabla 1. Si se trata del mismo signo, ambos planetas están en conjunción. Si se trata de signos distintos, busca la cuadrícula en donde se cruzan. El aspecto allí indicado es el que se da entre ambos planetas. En nuestro ejemplo, Leo y Acuario se cruzan en una cuadrícula que indica "Oposición". Así, podemos decir que ambos planetas comparten ese aspecto mutuo.[1]

Como podrás observar, en la Tabla 1 hay cuadrículas vacías, por ejemplo entre Aries y Tauro. En realidad sí hay un aspecto posible entre ambos signos, que se denomina semisextil, pero para los efectos de este libro y del análisis sinástrico es un aspecto de muy escasa importancia, y por eso lo ignoramos y decimos que entre ambos "no hay aspecto".

En la Tabla 2 puedes encontrar todos los interaspectos que se dan entre Humphrey Bogart y Lauren Bacall. En este caso, las columnas contienen los planetas de Bogart mientras que las filas muestran los planetas de Bacall. Las cuadrículas vacías indican que entre ambos planetas no existe ningún aspecto. Aunque lo ideal sería calcular siempre los 144 interaspectos posibles, en la práctica no es necesario hacer todos esos cálculos, como veremos a continuación.

Algunos astrólogos otorgan una enorme importancia a los interaspectos y prácticamente basan todo su análisis sinástrico en ellos. Mi criterio personal es que los interaspectos pueden confundir bastante y

---

1. Existe una excepción a esta norma. Si uno de los planetas está en los grados finales de un signo y el otro en los iniciales, suma 30 al número menor y realiza la resta. A la hora de comprobar la Tabla 1, ten en cuenta que debes considerar que el planeta al que no le has sumado nada está en el signo siguiente. Por ejemplo: 28° Capricornio y 1° Aries. 31– 28 = 3. Aries y Acuario (signo siguiente a Capricornio) están en sextil.

tienden a dispersar el análisis. Por ejemplo, Bogart y Bacall tienen un doble aspecto Luna-Marte. La Luna de ella hace cuadratura con el Marte de él, mientras que la Luna de él hace trígono con el Marte de ella. Son aspectos muy diferentes, y resulta difícil calcular cuál prevalece o si ambos actúan de modo alterno. Si a eso sumamos el resto de los aspectos que se dan entre ambos, el análisis se hace bastante largo y prolijo, creando más confusión que claridad.

Por otra parte, con la información que hemos ido reuniendo hasta ahora tenemos una base sólida para poder realizar la sinastría de un modo claro y concreto. Entonces, ¿cuál es la utilidad de esta técnica?

A mi juicio, los interaspectos pueden ayudarnos a entender detalles muy concretos de una relación. De este modo, mi consejo es que no te lances a calcular y analizar todos los interaspectos posibles entre todos los planetas, sino que te centres en aquel o aquellos cuyo simbolismo te parezca más importante en el momento presente. Si en un futuro surgen otras dudas o dificultades, busca los planetas que mejor representen esa energía y estudia sus aspectos mutuos.

Ari											
–	Tau										
Sex	–	Gem									
Cua	Sex	–	Can								
Tri	Cua	Sex	–	Leo							
Qui	Tri	Cua	Sex	–	Vir						
Opo	Qui	Tri	Cua	Sex	–	Lib					
Qui	Opo	Qui	Tri	Cua	Sex	–	Esc				
Tri	Qui	Opo	Qui	Tri	Cua	Sex	–	Sag			
Cua	Tri	Qui	Opo	Qui	Tri	Cua	Sex	–	Cap		
Sex	Cua	Tri	Qui	Opo	Qui	Tri	Cua	Sex	–	Acu	
–	Sex	Cua	Tri	Qui	Opo	Qui	Tri	Cua	Sex	–	Pis

Tabla 1
Cálculo rápido de aspectos

En el caso de Bogart y Bacall, yo estudiaría la interacción entre la Luna y Saturno. Bogart sufrió una infancia bastante cruel, privado del cariño de su adusta madre y sometido a graves castigos físicos. Ella, por su parte, se había criado sin padre (de hecho, Bacall es el apellido de soltera de su madre, no su apellido real). Cuando se enamoraron en el rodaje de Tener y no tener, él era un célebre actor casado de 45 años, mientras que ella era una debutante de sólo 19. Sin embargo, cuando al fin estuvieron juntos, Bacall actuó de un modo maternal con él, lo que se explica por el armonioso trígono que conecta a los planetas antes citados.

A continuación analizaremos los aspectos que se pueden dar entre los distintos planetas. Como siempre, lo verdaderamente importante es que busques tu propia interpretación a partir del simbolismo planetario y de

Humphrey Bogart

	Sol	Lun	Mer	Ven	Mar	Jup	Sat	Ura	Nep	Plu	Asc	Mc
Sol			Cua	Sex		Cua		Cua		Cua	Qui	
Lun	Cua	Sex			Cua							Sex
Mer			Tri	Cua		Sex	Cua			Cua		
Ven	Opo		Qui			Cua		Tri				
Mar		Tri			Qui			Tri			Tri	Con
Jup								Con		Opo		
Sat	Cua	Tri			Cua							Tri
Ura				Cua			Cua		Cua	Cua	Cua	
Nep			Tri			Tri		Sex		Sex		
Plu			Opo	Qui	Tri							
Asc			Qui			Cua		Tri		Sex		
Mc		Sex			Cua							Sex

(Lauren Bacall)

Tabla 2
Interaspectos de Bogart y Bacall

tu propia experiencia vital. El aspecto más importante es la conjunción, seguido de la oposición. Ambos expresan puntos de unión o polaridades.

La cuadratura y el quincuncio muestran dificultades, retos importantes donde debemos ejercer la comprensión y el diálogo, pero también excitación y aventura. En cambio, el trígono y el sextil implican relaciones fluidas, pero no necesariamente positivas, ya que el exceso de facilidad puede hacer que la unión se vuelva previsible y aburrida.

ASPECTOS DEL SOL

Entre los soles respectivos se dan aspectos que resultan relevantes en cualquier relación. Los soles conjuntos permiten una comprensión automática del otro, pero también puede provocar un rápido aburrimiento. En oposición pueden provocar cierta atracción, pero también riñas e incomprensión. Los aspectos fluidos permiten una expresión armoniosa de la individualidad, mientras que los aspectos tensos revelan conflictos que pueden ser muy creativos si se expresan abiertamente.

Los aspectos del Sol a la Luna son muy importantes en cualquier relación hombre-mujer. La atracción es muy fuerte con estos aspectos, sobre todo con la conjunción y la oposición. Si no hay aspectos exactos, siempre es importante analizar las relaciones entre los signos respectivos, como ya hicimos en el capítulo 5.

Entre el Sol y Mercurio se suele dar una relación bastante pacífica. Los problemas pueden surgir con aspectos tensos, impidiendo la expresión de la propia personalidad en el seno de la relación. Los aspectos fluidos, así como la conjunción y oposición favorecen el sentimiento de autovaloración.

El Sol y Venus representan otra polaridad masculino-femenino, como sucede con la Luna. Estos planetas generan mucha atracción debido a su diferente naturaleza, y pueden dar lugar a relaciones sentimentales importantes. Sean cuales sean los aspectos, entre el Sol y Venus hay aquí mucho corazón y generosidad. Estos planetas representan la aceptación plena del otro, tal como es. No obstante, es necesario que en la relación haya otros elementos más mentales para que haya un necesario equilibrio entre sentimiento y razón.

Los aspectos del Sol a Marte se manifiestan a través de grandes estallidos de pasión o riñas. La atracción sexual es muy fuerte con estos planetas activos, pero no hay que olvidar que ambos son muy "yang" o masculinos. Las luchas de poder pueden degenerar en conflictos abiertos o subterráneos, dependiendo de la personalidad de ambos.

El Sol y Júpiter son dos planetas muy bien relacionados, que favorecen el crecimiento y la expansión personal. Lógicamente, quien aporta a Júpiter es quien permite al otro crecer, ser más consciente. Las áreas de expansión vendrán indicadas por las casas implicadas. En todo caso, hay que cuidar que la expansión no signifique derroche de recursos, lo que suele suceder con los aspectos más fluidos.

Los aspectos del Sol a Saturno indican zonas donde es muy importante ajustarse a los límites, y donde las normas sociales tendrán un peso importante. Los aspectos más fluidos pueden ayudar a incorporar estas limitaciones, ya que todos debemos vivir en la sociedad y adaptarnos a sus leyes. Pero con aspectos más rígidos pueden surgir problemas como la avaricia o la rigidez, problemas que dificultarán la relación.

Con los planetas exteriores, el Sol forma aspectos muy interesantes, ya que estos planetas poseen una dimensión interpersonal que ataca directamente a la potencia individualista del Sol natal. Con estos planetas, el Sol puede resultar confundido con facilidad, aunque también es cierto que ellos poseen cualidades muy valiosas que complementan la energía solar. Así, entre el Sol y Urano se producen atracciones muy fuertes e instantáneas, el típico "flechazo" de Cupido. Si no hay aspectos fuertes entre los Soles y las Lunas respectivos, esta puede ser una relación de corta duración y de efectos impredecibles. Aunque Urano puede ayudar mucho al Sol, retándole a abrir su mente y a ver nuevas posibilidades.

El Sol puede sentirse muy cautivado por Neptuno, ya que éste es un planeta misterioso e indirecto en su acción, es decir, todo lo contrario de lo que el Sol representa. Neptuno transpira espiritualidad y romanticismo, pero puede confundir con facilidad al extrovertido Sol, cubriendo la verdad tras muchos velos de ilusión y engañándole al fin.

En las relaciones entre ambos planetas es muy importante analizar los aspectos y las casas en que se encuentran.

Plutón es intenso por naturaleza, y en contacto con el Sol genera cambios profundos. Si los aspectos son demasiado tensos, hay que vigilar los juegos de poder, ya que si bien Plutón intenta dominar, el Sol no permitirá que aplasten su autoestima. La diplomacia y el diálogo son muy importantes aquí.

Aspectos de la Luna

Los aspectos entre las Lunas respectivas son también muy importantes a la hora de analizar una relación afectiva a largo plazo. Es importante que la relación entre las lunas de dos personas sea lo más fluida posible, ya que la Luna actúa normalmente de forma instintiva. En caso contrario, puede suceder que ninguna de las dos personas se sienta cómoda con la otra. La armonía entre las Lunas indica una sensación de pertenencia mutua, como sucede con la conjunción, el trígono o el sextil. La oposición señala diferencias, pero también atracción. En cambio, aspectos como la cuadratura o el quincuncio auguran malentendidos.

La Luna y Mercurio son dos planetas muy diferentes, ya que mientras la primera se centra en el mundo emocional, Mercurio suele desarrollar su actuación en las áreas de la expresión y la vida mental. Por tanto, aquí se combina el intelecto con los sentimientos y el tono de los aspectos indicarán cómo se lleva a cabo esta relación. La Luna puede sentirse incomprendida con aspectos tensos, al tiempo que Mercurio se verá inundado por sentimientos que no puede comprender racionalmente. En cambio, aspectos más fluidos permiten un intercambio muy positivo.

La relación entre la Luna y Venus suele ser muy positiva, ya que son planetas de características similares. Pero el exceso de energía emocional y pasiva puede ser contraproducente, a menos que existan otros elementos más activos en la sinastría. Paradójicamente, el exceso de facilidades puede hacer que la relación no funcione ya que se necesitan algunos retos compartidos. En cualquier caso, los aspectos entre estos planetas indican una relación muy amorosa y entregada.

La combinación de las energías de la Luna y Marte provoca una fuerte atracción sexual. Marte exige mucho de la Luna, pidiendo que su energía emocional se transforme en pasión erótica. La Luna puede sentirse herida por las insistentes presiones del otro planeta, y sólo con aspectos relajados se dará un adecuado equilibrio entre la ternura y el deseo carnal. En caso contrario, la Luna puede sentirse violentada e iniciar una rápida retirada.

La Luna y Júpiter pueden señalar una relación donde se dé un poderoso crecimiento emocional. La admiración mutua es alta y se pueden dar relaciones muy fervorosas. Ni siquiera los aspectos más tensos suelen crear dificultades.

Con la Luna y Saturno sí que pueden surgir problemas. Ambos son planetas demasiado antitéticos, ya que donde Saturno pide cordura y sentido de la medida, la Luna exige cariño y protección. Saturno puede estabilizar a la Luna y darle protección, y ésta le puede enseñar el valor de las emociones, lo que sucederá con aspectos fluidos. Pero si nos dejamos llevar por los aspectos más tensos, existirá una gran incomprensión mutua de difícil solución. Como en otros casos, será el diálogo y las buenas intenciones las que nos ayudarán a manejar esta unión.

El contacto entre la Luna y Urano provoca atracciones muy potentes. Como sucede con el Sol, este último planeta actúa de un modo muy eléctrico. Pero la Luna es un planeta muy diferente a nuestro astro rey, es sensible y puede resultar herida con facilidad. Hay grandes posibilidades de crecimiento emocional y mental, pero también cierto dolor e incomprensión mutua. La relación con el propio Urano o la propia Luna es muy importante a la hora de vivir este aspecto en su lado más positivo.

Neptuno puede engañar fácilmente a la Luna, pero nunca lo hará de un modo intencionado. Ambos planetas son similares y comparten un gran idealismo y mucha dosis de amor romántico, así como una gran sintonía psíquica. Pero cuidado, si no hay aspectos más activos, estos planetas pueden producir relaciones platónicas que nunca llegan a concretarse en algo tangible.

La emotividad de la Luna puede intensificarse bajo el influjo de Plutón. Este planeta conmueve a la Luna en lo más hondo de su alma, y puede elevarla tanto como hundirla en la miseria. Como en el caso de Marte, esta relación puede incorporar cierto grado de violencia y posesividad, en el que la Luna sufra el papel de víctima. En este caso, las prácticas eróticas pueden tener un componente morboso nada desdeñable.

ASPECTOS DE MERCURIO

Mercurio es un planeta bastante más importante de lo que se suele pensar. De él depende la comunicación y nuestra capacidad para el pensamiento lógico. Ambas herramientas son necesarias en las relaciones, pues con la expresión se pueden solucionar muchos conflictos, y con la lógica evitamos que las emociones gobiernen todo nuestro comportamiento. El equilibrio entre razón y emoción es una meta que siempre debemos perseguir.

Los aspectos que se den entre los Mercurios de ambos, permitirán conocer cómo se desarrollará la comunicación y hasta qué punto se puede sostener un diálogo racional. La cualidad de estos aspectos debe ser analizada con cuidado, y si no hubiera aspectos exactos, habrá que analizar las cualidades y elementos en que se hallan ambos planetas.

La comunicación entre Venus y Mercurio es siempre muy tierna y agradable. Una relación de este tipo se refuerza con palabras cariñosas y sobre todo, dialogando sobre lo que cada uno siente en todo momento. En el contacto íntimo, las palabras serán tan importantes como las caricias.

Marte y Mercurio son planetas que se excitan con facilidad. Si Marte persevera en su excitación, sólo sacará lo peor de Mercurio, su cara más crítica y chismosa. Las discusiones son importantes con esta combinación, pero pueden ser una buena vía de escape de la tensión, siempre que en la sinastría no haya otros factores violentos.

Los aspectos de Mercurio a Júpiter tienden a ensanchar los horizontes mentales y vitales de cada cual. Este aspecto es muy positivo para impulsar los estudios en común, así como para reforzar el pensamiento optimista.

Saturno tiende a limitar la natural expresividad mercuriana, y lo hace a través de la crítica. Esta tendencia puede ser constructiva si los aspectos son fluidos, pero muy ácida y destructiva en caso contrario. Parece como si Saturno quisiese enfriar el entusiasmo de Mercurio, lo que hace a este revelarse, ya que él también sabe ser crítico. Mercurio debe enseñar a Saturno a entender el origen de sus miedos, pero sólo lo hará si recibe a cambio más apoyo incondicional.

Los contactos de Mercurio con los planetas exteriores pueden tener efectos perturbadores. Con Urano, Mercurio tiende a discutir, pero puede comunicarse por medios muy sutiles, como el contacto telepático. En cambio, la comprensión con Neptuno tiende a manifestarse más en el área emocional. Aquí hay que tener cuidado con las mentiras o las exageraciones, ya que ambos planetas tienden a fomentarlas. Plutón, por su parte, tiende a imponer sus criterios sobre Mercurio, pero también puede tener un efecto benéfico, modificando sus conceptos.

ASPECTOS DE VENUS

Los aspectos entre los Venus respectivos indican el nivel de comprensión y ternura entre ambas personas. Los aspectos fluidos, así como la conjunción y oposición, auguran buena sintonía amorosa y una gran generosidad. En cambio, la cuadratura y aún más el quincuncio, revelan diferentes formas de entender el amor. Será recomendable entonces analizar los aspectos a Mercurio, porque será necesario mantener unos niveles de diálogo muy fluidos para lograr que la relación prospere.

Venus y Marte se relacionan con el aspecto más físico y sensual de las relaciones. Tradicionalmente, los aspectos del Venus de la mujer con el Marte del hombre se consideran muy positivos, pero la combinación contraria también es interesante. Marte estimula la capacidad amatoria de Venus a través de su imperioso deseo, mientras que Venus suaviza las explosiones violentas de Marte, dándole un matiz más sensual. Los aspectos tensos pueden multiplicar el deseo, pero quizá éste se manifieste de un modo más rudo y egoísta, centrado en la satisfacción inmediata de las urgencias sexuales.

Los aspectos de Venus a Júpiter pueden facilitar la autoindulgencia y los gastos. La oposición y los aspectos tensos son más favorables, pues promueven un crecimiento ordenado y optimista, pero siempre realista. Pero los aspectos más fáciles generan comportamientos exagerados y cierta holgazanería consentida.

Entre Venus y Saturno se da una relación compleja pero fascinante. El segundo planeta es frío y distante, mientras que Venus apela a nuestra necesidad de fundirnos con los demás, de desarrollar nuestra parte más cálida. Los aspectos fluidos permiten integrar el realismo de la vida cotidiana con los sueños emocionales de nuestra imaginación romántica, creando así un compromiso sólido y positivo. En cambio, los aspectos tensos pueden hacer que Venus se queje del insensible Saturno, y que éste acuse a aquel planeta de frívolo y presumido.

Urano puede estimular a Venus a ser más amoroso y sensible, pero sus descargas eléctricas tienen otros efectos. Las relaciones donde este contacto es fuerte, sobre todo por conjunción, suelen ser bastante especiales, alejadas de la normalidad.

Los aspectos entre Venus y Neptuno son muy románticos e inspiradores. En esta relación, Venus puede seducir a Neptuno y convertirlo en su esclavo, pero también se puede dar un intercambio emocional muy profundo. Todo depende del aspecto y del carácter de ambas personas.

Venus y Plutón pueden producir relaciones sentimentales muy intensas y transformadoras. Los celos y la posesividad están a la orden del día, y hay que vigilar que la violencia no se adueñe de la situación. Plutón puede actuar cruelmente con el delicado Venus, y quizás le fuerce a cumplir sus deseos.

Aspectos de Marte

Marte aporta mucha energía y deseos a la relación. Cuando este planeta está en aspecto fluido con el Marte de la pareja, puede indicar deseos sexuales en sintonía. La vitalidad de ambos se suma y puede ser extremadamente creativa. Una sana competitividad puede animar esta relación, así que los pasatiempos compartidos al aire libre o el deporte, son muy recomendables para cimentar la unión. Con aspectos más tensos, puede indicar celos o un afán competitivo exagerado.

La mezcla de las energías de Júpiter y Marte puede ser muy estimulante y creativa. Júpiter aporta algo de cabeza a los impulsos marcianos, y puede dirigir la energía hacia objetivos nobles. Los aspectos más restrictivos quizá provoquen el derroche, pero en cualquier caso, la vida sexual se verá muy favorecida con estos dos planetas activos.

Los aspectos entre Marte y Saturno pueden significar una reducción del impulso sexual, aquejado de ciertas inhibiciones, pero también un exceso de demanda que provoque agotamiento crónico. Ambos planetas no combinan bien, uno es demasiado cálido, y el otro excesivamente frío. De este modo, antes o después, Saturno "castrará" simbólicamente a Marte, dejándole sin energías o congelando sus deseos. Con aspectos relajados, se puede aprender a dirigir las energías hacia la consecución de fines prácticos y no habrá tanta tensión sexual.

Urano y Marte son planetas similares, ya que ambos son decididos y estimulantes. Su principal diferencia es que Marte es un planeta de fuego, y por tanto más persistente y apasionado que Urano, que es un planeta eléctrico, rápido y desapegado. Con aspectos fluidos hay mucha energía, aunque poca persistencia en las tareas compartidas. Los aspectos más tensos, que en este caso incluyen la conjunción y la oposición, crean una gran excitación sexual, pero también violentas disputas. Si otros aspectos lo indican, esta posición puede favorecer una relación no convencional.

Entre Marte y Neptuno se suelen dar relaciones muy complejas. Marte es un planeta directo mientras que Neptuno resulta bastante esquivo. Mientras el primero es impulsivo y volcánico, el segundo es demasiado sensible y reservado. Será difícil que se entiendan, aunque sin duda pueden funcionar bien en cualquier tarea de tipo creativo.

En cambio, Plutón y Marte suelen cooperar muy bien, siempre que cada cual respete la parcela de libertad del otro. La intensidad de ambos es evidente y pueden disfrutar de una ardiente vida sexual, pero deben tener cuidado con los celos y los estallidos de violencia que puedan surgir.

Aspectos de Júpiter

Cuando los dos Júpiter forman aspecto, generalmente indican una relación donde la felicidad y el crecimiento son la norma. Si los aspectos son positivos, se compartirán creencias y placeres. Pero ni siquiera los aspectos más tensos podrán dañar la relación. Eso sí, las diferencias en los objetivos vitales serán patentes cuando los dos planetas estén en quincuncio.

Júpiter y Saturno viven en mundos completamente opuestos. Mientras uno quiere crecer y expandirse, el otro crea barreras y exige usar el sentido común como única regla de juego. Con aspectos positivos, Júpiter puede hacer que Saturno eleve sus miras, y éste dará más realismo a las fantasías del planeta joviano. En cambio, si se persiste en remarcar las diferencias, se llegará a un punto muerto de difícil salida.

La combinación de Júpiter y Urano suele ser bastante benéfica, con un gran derroche de generosidad y mucho espacio para crecer y aprender. Sólo los aspectos más tensos pueden provocar conductas extravagantes, que generalmente no pasarán de ser una mera curiosidad.

Júpiter y Neptuno combinan bastante bien en sinastría, ya que ambos estimulan la sensibilidad y tienen una marcada tendencia religiosa y espiritual. Si este aspecto es importante, ambas personas pueden estimularse mutuamente en su búsqueda interior, con efectos muy positivos para los dos.

Las personas con buenos contactos entre Júpiter y Plutón suelen desarrollar relaciones comerciales y empresariales bastante productivas. Hay aquí una gran necesidad de crecimiento y expansión, que se dará en el contexto de las casas implicadas. Júpiter sabe sacar lo mejor de Plutón y le lleva a ser más generoso y confiado.

Aspectos de Saturno

Saturno es un planeta complicado en cualquier relación, pero tiene también su lado positivo. Sin su presencia, ninguna unión puede perdurar en el tiempo. Saturno nos devuelve a la realidad y es un planeta muy poco romántico, pero es evidente que sin el contacto con la realidad no hay posibilidad de sobrevivir en este mundo. Ahora bien, Saturno nos ayuda, recordándonos que el amor no paga las facturas a fin de mes, pero tampoco debemos excedernos en su uso. Persistir en una relación que lleva mucho tiempo agotada no es nada positivo, y por eso es importante conocer los aspectos que existan entre los Saturnos de ambos. Si son fluidos, puede haber un correcto equilibrio en el uso de esta energía, pero con aspectos más tensos habrá que vigilar que este planeta no reseque nuestras emociones.

Urano es capaz de volver loco al apacible Saturno, pero si lo hace, es por su propio bien, o al menos eso cree él. Urano intentará que Saturno deje de lado sus rígidos puntos de vista y éste intentará llevar a Urano a territorios de mayor racionalidad. Los aspectos tensos provocarán fricciones.

Entre Saturno y Neptuno hay una lucha soterrada entre la realidad y el escapismo. Los sueños pueden hacerse realidad con esta mezcla, pero siempre que otros aspectos apunten en esa dirección.

Saturno y Plutón escenifican luchas de poder, pero al mismo tiempo señalan una tremenda necesidad de persistir en la relación, a pesar de los problemas externos que puedan surgir.

Aspectos de los planetas exteriores

Los planetas exteriores (Urano, Neptuno y Plutón) se desplazan con mucha lentitud a través del zodiaco, lo que hace que dos personas con una pequeña diferencia de edad apenas posean aspectos entre estos planetas que sean diferentes de los que ya están en sus Cartas Astrales respectivas. Mi recomendación es que no analices los interaspectos entre estos tres planetas, ya que son comunes a casi todas las parejas que viven en la actualidad.

Aspectos al Ascendente y Medio Cielo

Tanto el Ascendente como el Medio Cielo forman parte de una estructura fundamental de la Carta, los Ejes del Horizonte y el Meridiano. Cualquier planeta que haga aspecto a uno de estos puntos, afecta de un modo u otro a toda esta estructura, que es una zona muy sensible de la Carta Astral.

En principio, sólo deberían tenerse en cuenta los planetas que estén en conjunción u oposición al Ascendente o al Medio Cielo. Si estos aspectos existen, y suelen existir en las relaciones importantes, estos planetas se convierten en un foco muy importante que hay que tener en cuenta.

Los aspectos al Ascendente muestran diversas formas de atracción física, así como el interés por la expresión más externa de la otra persona. A diferencia de los aspectos al Sol, aquí no importa tanto la realidad del otro como su apariencia. Este es el reino del atractivo físico, factor éste que es bastante importante en muchas relaciones.

Por otra parte, los aspectos al Medio Cielo señalan la forma en que uno desearía ser conocido. Es la imagen idealizada que tenemos de nosotros mismos, y por tanto un factor muy importante para valorar nuestra autoestima. Este punto se relaciona con la vida profesional, tan importante para la mayor parte de las personas, pero también con necesidades más profundas que conectan directamente con las relaciones paterno-filiales. El deseo de ser protegidos o de proteger, de ser nutridos o de nutrir, tanto física como emocionalmente, tienen un reflejo en el Medio Cielo.

Si uno o varios planetas hacen conjunción u oposición a uno de estos puntos, este planeta se convierte en una pieza clave de la relación. En ese caso, te aconsejo que revises con atención todos los interaspectos que hace ese planeta a los demás, así como su propio simbolismo, ya que aportará claves fundamentales para entender la interacción entre ambos.

Capítulo 8

La carta compuesta

*D*entro de la milenaria historia de la Astrología, la Carta Compuesta surge como una técnica relativamente moderna, ya que apareció en Alemania en la década de 1920. Pero pese a su novedad, esta práctica se ha revelado como una herramienta fundamental en el estudio de la sinastría.

Podemos definir la Carta Compuesta como la síntesis que surge de unir las Cartas Astrales de dos personas. Representa las energías compartidas por ambos y da una idea muy clara de cómo funciona la relación. La Carta Compuesta no pertenece a uno ni a otro, no muestra la compatibilidad ni las influencias mutuas, su valor consiste en que muestra qué tipo de unión hay entre dos personas y cómo funciona esa unión tanto hacia el interior como hacia el exterior. De este modo, la Carta Compuesta podría ser también denominada "Carta de la Relación", pues ese es el ámbito que refleja y describe.

En el presente capítulo aprenderás a calcular e interpretar la Carta Compuesta, pero antes de ponernos a trabajar, debemos introducir un concepto muy importante, el de los "puntos medios".

En Astrología llamamos así al punto que está en el lugar intermedio entre dos planetas. Como su propio nombre indica, un punto medio es un lugar en el espacio, no un planeta ni ningún cuerpo celeste. Simbólicamente, el punto medio es la suma o síntesis de los dos planetas implicados y expresa el significado de ambos de un modo conjunto.

Una Carta Compuesta se construye calculando los puntos medios que se dan entre los planetas de ambas personas. Cada punto medio entre dos planetas se denomina "planeta compuesto" y se analiza como si fuera un planeta real. Es decir, el Sol compuesto es el punto medio entre el Sol de una persona y el Sol de la otra. Ocurre lo mismo con el resto de los planetas y también con las cúspides de las casas. Así podremos trazar una carta astral que sea la síntesis de las cartas de ambas personas.

En la Figura 1 puedes observar cómo se calcula geométricamente un punto medio. Tenemos aquí los soles de dos personas, y entre ambos un arco que describe la distancia entre uno y otro. El punto A está justo en el centro de este arco, y es por tanto el punto medio entre ambos soles.

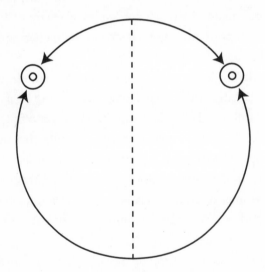

Figura 1
Los puntos medios

En el dibujo observarás que hay un segundo punto, llamado punto B, que también está en un lugar equidistante a ambos soles. Esta duplicidad de puntos medios se da porque estos puntos no se calculan sobre una línea, sino en una circunferencia, y para cualquier lugar equidistante entre dos planetas existe un punto opuesto que es también equidistante.

Al punto A le llamamos "punto medio más próximo", y como puedes suponer es el más potente y valioso, ya que es quien concentra mejor las energías planetarias. Este punto es el que usaremos en nuestros cálculos, y no el B, que sería el "punto medio más lejano".

Planeta	Bogart	Bacall	Diferencia	Suma	P. M 1	P. M. 2	Longitud
Sol	304	173	131	477	238,5		28,5° Escorpio
Luna	91	29	62	120	60		0° Géminis
Mercurio	282	164	118	446	223		13° Escorpio
Venus	258	127	131	385	192,5		12° Libra
Marte	117	326	209	443	221,5	41,5	11,5° Tauro
Júpiter	219	252	33	471	235,5		25,5° Escorpio
Saturno	260	210	50	470	235		25° Escorpio
Urano	247	349	102	596	298		28° Capricornio
Neptuno	82	141	59	223	111,5		21,5° Cáncer
Plutón	74	103	29	177	88,5		28,5° Géminis

Casas	Bogart	Bacall	Diferencia	Suma	P. M 1	P. M. 2	Longitud
1	81	130	49	211	105,5		15,5° Cáncer
2	102	151	49	253	126,5		6,5° Leo
3	123	176	53	299	149,5		29,5° Leo
10	327	28	299	355	177,5	357,5	27,5° Piscis
11	359	64	295	423	211,5	31,5	1,5° Tauro
12	40	100	60	140	70		10° Géminis

Tabla 1
Planetas y Casas compuestas de Bogart y Bacall

La distinción entre puntos medios próximos y lejanos es importante, ya que si no la tuviéramos en cuenta podríamos cometer algunos errores en nuestros cálculos.

En la Tabla 1 hemos calculado los datos necesarios para elaborar la Carta Compuesta de Humphrey Bogart y Lauren Bacall. A primera vista, la cantidad de datos puede parecer desalentadora, pero realmente se trata de un cálculo bastante más sencillo de lo que parece. Todo lo que necesitas para obtener la Carta Compuesta de tu relación es lápiz, papel y quizá una calculadora sencilla.

Ahora vamos a calcular el Sol Compuesto de Bogart y Bacall, lo que servirá como ejemplo para el resto de tus planetas y cúspides de casas:

1. Para empezar, calcularemos las longitudes totales de los planetas desde el punto 0° Aries. Como recordarás, las longitudes planetarias están calculadas en grados desde el inicio de cada signo (por ejemplo, el Sol de Bogart a 4° desde el inicio del signo de Acuario, y el de Bacall a 23° del inicio de Virgo). Pues bien, como no podemos sumar peras y manzanas, lo que tenemos que hacer ahora es expresar todos esos datos con respecto a un sistema de referencia común que nos permita hacer los cálculos con más facilidad. Usando la Tabla 2, calculamos la longitud total de cada par de planetas. Para los soles de Bogart y Bacall el cálculo es como sigue:

   ◆ Sol de Bogart: 4° Acuario => 4 + 300 = 304

   ◆ Sol de Bacall: 23° Virgo => 23 + 150 = 173

   Esto quiere decir que el sol de Bogart está a 304° del inicio del zodiaco (punto 0° Aries) y el de Bacall a 173° del mismo punto. A continuación, escribimos los datos en sus casillas correspondientes, tal como hicimos en la Tabla 1.

2. De los dos valores que acabamos de obtener restamos el menor del mayor. En el caso de Bogart y Bacall:

   ◆ Diferencia entre sus soles: 304 − 173 = 131

Anotamos este dato en la columna "Diferencia" (ver Tabla 1). Más adelante conoceremos la utilidad de esta cifra, pero de momento pasamos al siguiente punto.

3. Sumamos la longitud de ambos planetas y la anotamos en la columna "Suma". Siguiendo el ejemplo:

   ◆ Suma de las longitudes de los soles de Bogart y Bacall: 304 + 173 = 477

4. Dividimos esta suma entre dos, lo que nos da el punto medio entre ambos planetas:

   ◆ Punto Medio entre los soles de Bogart y Bacall: 477 / 2 = 238,5

Este dato lo anotamos en la columna "P.M.1". Como el dato es una cifra decimal, lo podemos convertir en un número entero para manejarlo con más facilidad. En nuestro ejemplo lo hemos dejado tal como está para que no haya dudas en cuanto a la forma de realizar los cálculos.

5. Para cada par de planetas había un punto medio más cercano y otro más lejano. Pero ¿cómo saber si el que hemos calculado es uno u otro? Pues bien, para eso está la columna "Diferencia". Vuelve a ella y mira el dato que contiene:

   ◆ Si ese valor es menor o igual que 180, el punto medio que surgió de nuestro cálculo es el más cercano, y por tanto, hay que aceptarlo como bueno.[1]

   ◆ Si el valor de la columna "Diferencia" es mayor que 180, el punto calculado es el más lejano. En este caso, hay que calcular un segundo punto medio que se anotará en la casilla "P.M.2".

---

1. En realidad, si ambos planetas están exactamente a 180° de distancia, es que ambos puntos medios están en lugares opuestos de la carta, y vale cualquiera de los dos.

En el ejemplo presente, el valor de la diferencia es 131, por tanto, no hay que hacer ningún cambio. Pero si te fijas en el Marte Compuesto de Bogart y Bacall, verás que la diferencia entre ambos es de 209°. ¿Qué hacer en este caso? Calcular el segundo punto medio y dejar a un lado el primero.

6. Si hay que calcular un segundo punto medio, se actúa de la siguiente manera:

 ◆ Si la longitud del primer punto medio es menor que 180, sumarle esa cifra.

 ◆ Si la longitud es mayor o igual a 180, restarle esa cifra, que es lo que se ha hecho con el Marte Compuesto de Bogart y Bacall.

Signo	Sumar
Aries	0
Tauro	30
Géminis	60
Cáncer	90
Leo	120
Virgo	150
Libra	180
Escorpio	210
Sagitario	240
Capricornio	270
Acuario	300
Piscis	330

Tabla 2
Conversión a longitudes totales

En ambos casos, el resultado final se anota en la casilla "P.M.2" y será este el dato a considerar como punto medio entre ambos planetas.

7. Para convertir la longitud del punto medio al formato usual, es decir, grados dentro de signos, recurrimos de nuevo a la Tabla 2. Buscamos en la tabla el valor inferior más cercano y se lo restamos. En el caso del Sol de Bogart y Bacall (238,5°), este valor corresponde al signo de Escorpio (210°). Se resta del siguiente modo:

* 238,5 – 210 = 28,5° de Escorpio

Como ves, ahora tenemos los grados dentro del signo correspondiente. Esta es la longitud del Sol Compuesto y se anota en la última columna de la Tabla 1.

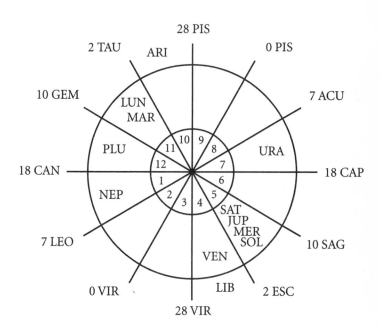

Figura 2
Carta compuesta esquemática de Bogart y Bacall

Una vez que se entiende todo el proceso, resulta muy fácil aplicarlo a todos los planetas y a las cúspides de las casas. En el ejemplo sólo hemos calculado la mitad de las cúspides, pues como sabes la otra mitad está situada justo en los puntos opuestos.

Al realizar estos cálculos, te recomiendo que tengas paciencia y que revises tus resultados, pues resulta fácil cometer errores. Ten en cuenta que la información que estamos manejando es muy importante, y debe ser correcta, ya que si hubiera que reducir toda la sinastría a una sola técnica, esa sería sin duda la Carta Compuesta.

En la Figura 2 hemos trazado un esquema que se corresponde con los datos de la Tabla 1. Si te fijas, su estructura es similar a los esquemas que realizamos en el Capítulo 6 en los que combinamos los datos de tu Carta y los de tu pareja. En el caso actual, hemos utilizado las cúspides de casas de la Carta Compuesta, y hemos situado en ellas los diez planetas compuestos. De este modo tenemos una visión inmediata acerca de qué casa ocupa cada uno de ellos.

Hay que aclarar que en el análisis de la Carta Compuesta, lo verdaderamente importante no es el signo que ocupan los planetas, sino su posición por casa, información que nos viene suministrada por este esquema. Tal como hemos hecho con Bogart y Bacall, tú debes calcular los datos y luego elaborar un esquema como el que se muestra con la Carta de tu relación. En el Apéndice, pág. 169, encontrarás un esquema vacío que puedes utilizar para este propósito.

A continuación, haremos un recorrido por los planetas compuestos y su posición por casa. Como se ha dicho en capítulos anteriores, esta información tiene un carácter general, y te servirá como punto de partida para tu propia interpretación, en la que deberás tener en cuenta el simbolismo general de los planetas y casas, así como tus propias experiencias e ideas.

EL SOL COMPUESTO

En la Casa 1, el Sol compuesto señala que estamos ante una relación muy importante, con dos personas que se sienten muy unidas. La pareja causará un gran impacto en los que están alrededor, dando una impresión de fuerza que ayuda a alcanzar muchas metas que no podrían lograrse en solitario. Esta posición es muy prometedora en cualquier relación seria, pero hay que tener cuidado para no ser agresivos con el resto de las personas.

En la Casa 2, el Sol puede intensificar la búsqueda de valores comunes a la pareja. Estos valores suelen ser materiales, por lo que esta es una excelente posición para todo tipo de negocios compartidos, pero pueden ser también valores de tipo moral o espiritual. Todo depende de las características de ambas personas. En cualquier caso se trata de una relación donde es importante hallar seguridad, quizá a costa de valores más intangibles, como pueden ser los sentimientos.

En la Casa 3, el Sol produce relaciones en las que el intercambio de ideas y la comunicación son factores fundamentales. La comprensión entre ambas personas es muy fluida, y no hay problema que no pueda resolverse por medio del diálogo. El conflicto puede surgir si se dejan de lado las demandas emocionales, ya que esta posición favorece la amistad, pero es demasiado mental para producir una relación sentimental satisfactoria. No se puede intelectualizar todo.

En la Casa 4, el Sol crea uniones muy fuertes en el plano emocional. El deseo de crear un hogar, de compartir la vida, es muy poderoso, y por eso esta posición es tradicionalmente considerada como una de las mejores para el matrimonio. No será una relación superficial y se pueden compartir muchas ideas y gustos comunes, así como el deseo de echar raíces juntos.

En la Casa 5, el Sol promueve relaciones donde los fuegos artificiales del enamoramiento son bastante patentes. Generalmente son uniones de carácter efímero, a menos que haya elementos más estables (por ejemplo, un Saturno bien colocado). Los hijos pueden ser importantes en esta unión y ayudarán a solidificar algo que tiene más de aventura que de compromiso serio. En algunos casos, esta posición puede corresponder a la unión de dos personas muy creativas, como sucedió con Bogart y Bacall.

En la Casa 6, el Sol compuesto nos obliga a preguntarnos qué estamos aportando y recibiendo en la relación. La generosidad o el egoísmo se vuelven muy fuertes en esta posición. Ambas personas pueden cooperar en algún tipo de servicio o trabajo, pero también pueden tomar rumbos tan diferentes que hagan muy difícil la unión. Todo depende de la compatibilidad de las Cartas respectivas.

En la Casa 7, el Sol ofrece una excelente posibilidad para construir una relación muy sólida. Aquí se comparte todo, y existe una complementariedad que permite repartir las energías en muchas direcciones sin riesgo de fracasar. Hay mucha fuerza compartida, y pese a las diferencias, una gran capacidad para conciliar los opuestos. Pero cuidado, no todo es positivo con esta posición, ya que en caso de conflicto serio, las diferencias provocan odios realmente enconados.

En la Casa 8, el Sol compuesto puede hacernos sentir que la relación está de algún modo predestinada. Hay una sensación de que todo lo que se experimenta es muy profundo, y de que dejará una huella imborrable, incluso aunque se trate de una relación de corta duración. Los cambios estarán a la orden del día y se darán tanto en el plano psicológico como emocional. Si ambas personas tienen un impulso espiritual, los cambios positivos serán de profundo calado. Pero si lo que predomina son sentimientos más egoístas o violentos estaremos hablando de una relación traumática. Ambos casos son posibles, y depende de cada cual descubrir la realidad tras las apariencias.

En la Casa 9, el Sol promueve un incremento de la conciencia en el seno de la pareja. Juntos pueden desarrollar un gran interés en filosofía, religión o espiritualidad. Los viajes en común serán muy positivos para el desarrollo de la unión, e incluso ésta puede ser una relación que se desarrolle en la distancia, o sin que existan sentimientos sexuales. Hay aquí más ideas que emociones, y ese puede ser un problema para el desarrollo armónico de la unión.

En la Casa 10, el Sol compuesto tiende a construir relaciones muy importantes. Existirá un sentimiento de identidad o propósito vital compartido, lo que será positivo para las relaciones laborales, pero también para las uniones afectivas serias. Esta es otra buena posición para el matrimonio, pues hay mucha comprensión mutua. La única dificultad aquí, consiste en que puede existir una excesiva preocupación por las apariencias externas, despreciando un tanto la vivencia interior de la relación.

En la Casa 11, el Sol promueve las amistades, y puede convertir lo que nació como relación sentimental en una hermosa fraternidad que supere todos los obstáculos posibles. Con este Sol se compartirán sueños, ideales y esperanzas, lo que es muy positivo para cualquier relación a largo plazo. La pareja sentirá la necesidad de expandir su círculo social y pueden tener muchos amigos comunes.

En la Casa 12, el Sol presenta algunos retos que no son fáciles de sobrellevar para la mayor parte de las personas. Los secretos son aquí muy peligrosos, ya que existe la tendencia a esconder demasiadas cosas a la pareja, y también ante la sociedad. Hay que tener mucho cuidado con los papeles que se firman o los compromisos económicos que se adquieren, pues puede haber sorpresas. En el plano positivo, esta relación puede traer a la superficie muchos temas inconscientes que merecerán ser analizados.

La Luna compuesta

En la Casa 1, la Luna compuesta permite crear una relación donde los sentimientos ocupan el primer plano. La intimidad y el amor están garantizados. Pero como la Luna es un planeta bastante subjetivo, pueden existir algunas dificultades a la hora de afrontar los problemas de un modo racional. Es fácil saber lo que siente el otro, incluso compartir sentimientos, pero eso no debe dejar de lado la expresión verbal y el entendimiento de las mentes.

En la Casa 2, la Luna viene a alimentar las necesidades emocionales y materiales de la pareja. Hay una fuerte necesidad de compartir valores, de lograr una estabilidad conjunta. Aunque existan tensiones, habrá una fuerte unidad en el seno de la pareja.

En la Casa 3, la relación estará basada en los sentimientos que se comparten diariamente. No habrá grandes planes para el futuro, sino una convivencia en la que la comunicación se produce de un modo emocional. La expresión verbal tiene poca importancia en esta unión, y el énfasis se pondrá en los sentimientos y proyectos compartidos.

En la Casa 4, existe la necesidad de compartir un origen o unas experiencias comunes. La pareja se convierte aquí en un refugio estable erigido contra un mundo exterior que se siente como hostil. La seguridad emocional es muy importante y puede hacerse realidad con la compra de inmuebles o terrenos.

En la Casa 5, la Luna favorece las uniones amorosas y hace que ambas personas se sientan completamente felices con la relación. Los hijos pueden recibir también grandes dosis de cariño y muchos cuidados. En cualquier caso, las relaciones a largo plazo necesitarán de otros elementos más estables en la Carta Compuesta.

En la Casa 6, la Luna se encuentra en una posición algo incómoda. Uno de los dos puede sentir que está al servicio del otro, por lo que la relación no será igualitaria. O quizá alguien puede estar entregando sus mejores sentimientos a cambio de nada. Si no hay un mayor equilibrio, la relación irá mal.

En la Casa 7, los sentimientos compartidos son muy importantes para dar solidez a la relación. Esta Luna favorece las relaciones a largo plazo, y a pesar de las diferencias, crea la sensación de que ambos forman una auténtica unión. En asuntos de amor, la Luna en la séptima casa es un factor muy positivo.

En la Casa 8, se puede dar una relación muy introspectiva. Cada uno de los miembros de la pareja puede sentir que a través de la relación se obtiene un completo conocimiento interior, acompañado de grandes cambios. Las emociones son muy fuertes, pero no siempre fáciles de entender. Desde luego, no se trata de una relación recomendable para personas muy jóvenes o de carácter superficial.

En la Casa 9, existe la capacidad de compartir ideas de un modo muy profundo y sentido. La comunicación será la herramienta básica para poder amarse y vivir en compañía. Los viajes en compañía, así como compartir nuestro tiempo con personas de otros países, pueden ayudar a solidificar la unión.

En la Casa 10, hay un sentimiento de que existen tareas y metas que deben ser compartidas por ambos miembros de la pareja. El impacto que se produce en la sociedad circundante es muy bueno. Pero hay que tener cuidado, ya que se tiende a vivir muy de cara al exterior, preocupados por los asuntos profesionales o el prestigio, y todo esto a costa de los sentimientos más tiernos.

En la Casa 11, la Luna crea una enorme corriente de simpatía y cariño entre ambos. Por encima del amor está la amistad compartida, y a partir de ésta, muchos proyectos e ilusiones que llevar a cabo. Estos deseos son auténticos afanes del corazón, y no se deberían abandonar nunca en pos de objetivos más materialistas. Cumplir los sueños, o al menos luchar por ellos, es la base de esta hermosa unión.

En la Casa 12, los sentimientos tienden a estar ocultos, de forma que es muy difícil que ambos miembros de la pareja sean capaces de acceder a ellos de un modo claro y directo. Los riesgos son grandes, ya que es fácil caer en la deshonestidad o las intrigas. La verdad debe resplandecer a la luz del día para que todo funcione correctamente en esta relación.

MERCURIO COMPUESTO

En la Casa 1, Mercurio indica que la comunicación y el intercambio de ideas será algo fundamental para el desarrollo de la relación. Las mentalidades pueden ser muy compatibles, y ambos encuentran aquí un terreno para expresarse de manera libre e igualitaria, lo que es muy positivo en cualquier relación. Las tareas intelectuales pueden verse favorecidas por esta posición.

En la Casa 2, existe una buena capacidad para manejar el dinero y las posesiones compartidas. Las mentes están bien dirigidas en esta dirección y se pueden obtener buenos resultados en todo lo relacionado con la vida práctica. Será muy positivo que se compartan ideas y valores a través del diálogo.

En la Casa 3, Mercurio favorece una completa y profunda comunicación en el seno de la pareja. La comprensión mental es casi total, intercambiando ideas de un modo continuo. Sin duda, esto es muy favorable para cualquier relación, siempre que el diálogo no sea superficial.

En la Casa 4, Mercurio favorece la comunicación en el ámbito hogareño. La casa debe convertirse en un ámbito donde se estimule la mente a través de lecturas, conversaciones, aficiones o meditación.

En la Casa 5, la pareja puede sentir una gran atracción hacia las cuestiones intelectuales o comunicativas. Estas actividades son un medio para reforzar sus sentimientos amorosos, ya que la palabra es aquí un medio de seducción, así como el empleo de la mente.

En la Casa 6, se dedica una buena cantidad de energía a solucionar mentalmente los problemas o tareas que surjan. Un trabajo conjunto de tipo intelectual puede ayudar mucho a estabilizar la relación.

En la Casa 7, Mercurio ayuda a solucionar las diferencias que puedan existir por medio del diálogo. La posibilidad de pensar y actuar en equipo ayudará a cimentar la unión. Compartir ideas es fundamental en esta relación.

En la Casa 8, Mercurio favorece el entendimiento mutuo, ya que permite mirar hacia el interior de cada una de las personas implicadas. Las energías psicológicas que están en juego saldrán así a la luz, y podrán ser discutidas abiertamente. Es muy importante poder dialogar acerca del sexo y los sentimientos más profundos.

En la Casa 9, las ideas compartidas son muy importantes. La pareja puede emprender estudios o viajes de gran relevancia espiritual. Acudir a cursillos, meditar juntos o compartir prácticas religiosas, son algunas de las bendiciones que aporta Mercurio en esta posición. Aquí, la expansión vital es una meta al alcance de la mano.

En la Casa 10, Mercurio ayuda a encontrar una dirección o propósito definido hacia el que dirigir los esfuerzos mentales. Las tareas intelectuales se ven favorecidas por esta posición, así como el desarrollo profesional.

En la Casa 11, las esperanzas y proyectos a largo plazo tendrán un fondo intelectual muy importante. La comunicación con un amplio grupo de amigos puede favorecer la relación en el seno de la pareja. Todas las ideas compartidas servirán para crecer juntos y abrirse al mundo con confianza.

En la Casa 12, se dedicará mucho tiempo a discutir los aspectos psíquicos más profundos de la relación. El diálogo se mantendrá puertas adentro, y puede existir un considerable secretismo cara al exterior. En cualquier caso, puede haber una buena comprensión entre ambos.

VENUS COMPUESTO

En la Casa 1, Venus compuesto señala claramente la existencia de una relación amorosa muy importante. La atracción es muy poderosa desde el primer instante, y hay una profunda unión entre ambos. Los sentimientos creados por Venus suelen ser más sensuales que apasionados, más románticos que puramente sexuales. Esta relación puede ser muy duradera.

En la Casa 2, el amor a las cosas bonitas puede estar en el corazón de la relación. Acumular objetos decorativos, gastar dinero en ropa, cosméticos o adornos, son algunas de las características de esta posición de Venus. En esta relación habrá dinero y ganas de gastarlo.

En la Casa 3, Venus estimula el interés en las artes, ya que entre ambos se puede fomentar el amor por la belleza y su estudio. Existe un gran deseo de hablar de los sentimientos compartidos, incluso a costa de la vivencia directa de esos sentimientos. Pero el amor no es un producto intelectual y habrá que vivirlo con más pasión.

En la Casa 4, Venus estimula el deseo de crear un hermoso hogar en el que vivir. En el fondo de la relación hay un gran amor por la belleza, que quizás se vea reflejada en el aspecto físico de ambos. Construir un hogar, no sólo físico sino emocional, es muy importante para ser felices.

En la Casa 5, Venus se encuentra en una posición inmejorable para estimular cualquier relación sentimental. Aquí hay mucha felicidad compartida, un amor auténtico y grandes dosis de generosidad. Esta posición es muy buena para tener hijos, ya que todo es favorable, y además existirá un profundo amor que compartir con ellos.

En la Casa 6, Venus debe vivir el sacrificio del deber. Existe la necesidad de estar juntos por cuestiones laborales o para cumplir alguna obligación. El amor no es aquí la prioridad y deberá ser expresado por medios no habituales.

En la Casa 7, existirán muchas emociones compartidas y gran facilidad para dejar a un lado las diferencias y crear una unión sólida. Es una excelente posición para una relación basada en el amor. Hay un gran deseo de estar juntos bajo cualquier circunstancia y mucha armonía.

En la Casa 8, existe un amor tan intenso y apasionado que pocas personas podrán vivirlo con normalidad. Aquí el placer y el sufrimiento alcanzan cotas difíciles de describir, y es en esta posición donde se puede aplicar el célebre dicho de "ni contigo ni sin ti, tienen mis males remedio". Esta relación puede estar basada únicamente en el sexo, o se pueden sufrir terribles altibajos emocionales.

En la Casa 9, el amor se convierte en una cuestión intelectual antes que sentimental. Hay una fuerte tendencia a reflexionar sobre los afectos, lo cual tiene su lado positivo, ya que la conciencia siempre mejora las relaciones. Pero un exceso de ideales puede convertir la pasión en amistad platónica, y quizá no sea eso lo que se está buscando.

En la Casa 10, Venus enfatiza los sentimientos amorosos y hace que éstos sean el verdadero propósito de todo lo que se hace. Existe el deseo de mostrar los sentimientos al mundo exterior, de ser reconocidos como auténticos enamorados por toda la sociedad. Existe un beneficio evidente para aquellas parejas que compartan una profesión relacionada con las artes.

En la Casa 11, existe un gran amor compartido, por lo que podemos hablar aquí de una relación sentimental muy seria. Los ideales y deseos de ambas personas serán bastante compatibles, y por este motivo pueden vivir una relación auténtica, rodeada además por un conjunto de muy buenos amigos.

En la Casa 12, Venus es tan sensible como siempre, pero tiene grandes dificultades para mostrar sus sentimientos de un modo abierto. Los factores inconscientes, la represión o el miedo pueden hacer que haya un cierto temor a expresar las emociones. Pero también puede tratarse de una relación que, por sus propias características, deba permanecer escondida a los ojos de los demás.

MARTE COMPUESTO

En la Casa 1, Marte crea relaciones donde existe una gran cantidad de energía. Si hay un propósito claro, una meta hacia la que dirigir los esfuerzos, esa energía será bien encauzada. En caso contrario, se creará mucha tensión, que puede provocar riñas muy violentas, ya que cada uno querrá expresarse de un modo muy directo, sin importarle lo que piensa o siente la otra parte.

En la Casa 2, existe la posibilidad de que se gaste más de lo que se gana, con el riesgo evidente que esto conlleva. Una planificación adecuada será muy importante en este caso.

En la Casa 3, Marte agiliza la expresión verbal y el funcionamiento de las mentes. En momentos delicados, se pueden generar violentas discusiones, ya que cada uno está muy seguro de sus propias convicciones.

En la Casa 4, pueden existir distintos criterios acerca de cómo compartir el hogar, o bien pueden darse algunos conflictos con los padres o los suegros. La cuestión aquí es que hay algunas ideas poco claras acerca de cómo debe ser la relación, y quizá no se ha llegado a un necesario acuerdo previo.

En la Casa 5, Marte provoca un gran deseo de libertad y espacio propio dentro de la relación. Las limitaciones o los celos son siempre muy negativos, aunque ciertamente se pueden dar algunas aventuras amorosas fuera de la pareja.

En la Casa 6, Marte da un gran impulso a todas las tareas que se realicen en común. El trabajo prosperará bajo esta potente energía y dedicación, pero hay que tener cuidado para que esas fuerzas no impidan disfrutar del amor.

En la Casa 7, Marte puede provocar bastantes conflictos. Es muy fácil pasar del amor al odio con esta posición, ya que en esta posición Marte se suele mostrar bajo su rostro más duro. Los egos en juego son muy potentes, así que, o se logra un buen entendimiento basado en la tolerancia, o habrá dificultades sin número.

En la Casa 8, Marte exige que se realicen cambios en la personalidad de cada cual. Hay una gran energía sexual que puede provocar transformaciones, por lo que esta es una relación llena de desafíos.

En la Casa 9, Marte indica que las ideas o creencias son muy importantes para ambos. Si las ideas son coincidentes, todo irá sobre ruedas. Pero si se trata de criterios totalmente incompatibles, se desperdiciará mucha energía intentando convencer al otro. Los viajes de aventura o exploración son muy recomendables.

En la Casa 10, Marte implica la necesidad de buscar metas comunes. Cada uno de los miembros de la pareja debe desarrollar su propio ego, pero respetando el espacio que el otro necesita para expresarse. Las ambiciones particulares son un tema importante en esta relación y deben tenerse en cuenta.

En la Casa 11, se puede sentir un gran placer trabajando dentro del seno de grandes grupos. Las tareas humanitarias y el intercambio con los amigos, consumirán gran parte de las energías. Las ilusiones compartidas podrán llevarse a cabo.

En la Casa 12, pueden existir conflictos que debiliten seriamente la relación. El origen de estos conflictos suele ser secreto, o está enraizado en el subconsciente de ambos. En esta relación es muy importante ser claros y sinceros en todo momento.

JÚPITER COMPUESTO

En la Casa 1, Júpiter favorece todo tipo de uniones, ya que ayuda a crear relaciones en cuyo seno ambas personas puedan desarrollarse de un modo pleno. Temas como la religión, la filosofía, la ética o la ley, son cuestiones muy importantes para la pareja. Esta es una posición que favorece el optimismo con respecto al futuro, así como los estudios serios de todo tipo.

En la Casa 2, se favorecen todas las cuestiones relacionadas con el dinero y las posesiones materiales. La generosidad puede ser un rasgo de esta relación, aunque no debería confundirse con el derroche. Júpiter tiene aquí un profundo efecto sobre los valores morales, que pueden ser muy importantes en el desarrollo de la relación.

En la Casa 3, Júpiter ayuda a mejorar la comunicación y tiene un benéfico efecto sobre las mentes. Todos los patrones de comportamiento que antes eran automáticos son reformados en el seno de la relación. Las viejas costumbres se cambian por nuevos hábitos más conscientes y se amplía la visión sobre la realidad.

En la Casa 4, Júpiter favorece la hospitalidad y la búsqueda del confort dentro del hogar. La casa será el centro de la vida en común, ya que en ella existe un sentimiento de seguridad y confianza que no se encontrará en ningún otro lugar. La propia unión será también una fuente de seguridad para ambos.

En la Casa 5, Júpiter ejerce plenamente su acción benéfica sobre las uniones amorosas. Aquí, cada uno de los dos puede expresarse tal como es, sin que eso suponga un problema. La sensación de ser apoyado permite que cada cual se relaje y disfrute de una relación que promete un gran crecimiento interior y mucha felicidad compartida.

En la Casa 6, el servicio a los otros se convierte en un ideal de vida. Los trabajos que se realizan en común son muy provechosos y se hacen de buen grado. Cada uno sentirá que debe dedicarse al otro.

En la Casa 7, existe la conciencia que las dos personas son bastante diferentes, pero que a través de la relación podrán limar sus divergencias, y lo que es más importante aún, aprender a convivir en armonía. Esta relación permite crecer y aprender mucho mejor que de un modo aislado.

En la Casa 8, Júpiter favorece cambios y transformaciones muy profundas, pero vividas de un modo tranquilo y optimista. Las dificultades serán así bien llevadas. Con esta posición se pueden recibir apoyos financieros desde el exterior.

En la Casa 9, Júpiter puede expandir la conciencia a través de la relación. Posiblemente se compartan viajes, pero lo que es seguro es que habrá muchos estudios realizados en común. Los ideales son muy fuertes y puede haber una gran dedicación a los temas espirituales o filosóficos.

En la Casa 10, existe el deseo de encontrar un lugar en la sociedad, pero actuando siempre de forma honesta. La pareja puede funcionar muy bien cara al exterior, así como compartir negocios o intereses profesionales. El éxito está casi garantizado.

En la Casa 11, se estimula el idealismo y las relaciones sociales. La pareja puede atraer a muchas personas a su alrededor y será famosa por su hospitalidad y generosidad. Seguramente algunos se aprovecharán, pero eso no reducirá la buena fortuna, el optimismo y los sentimientos positivos.

En la Casa 12, Júpiter tiene un efecto benéfico. Quizás existan problemas, pero se podrán discutir de un modo abierto. Esta posición de Júpiter permite que todo salga a la luz, que no haya zonas oscuras en la relación, lo que siempre es muy positivo.

SATURNO COMPUESTO

En la Casa 1, Saturno compuesto puede crear una relación muy sólida y duradera, aunque si otros planetas no lo remedian, puede ser también algo fría y convencional. Los sentimientos se guardarán en el interior, y será difícil que otros sepan lo que ocurre realmente con la pareja.

En la Casa 2, puede existir un gran temor a la pobreza, que haga a la pareja acumular dinero y recursos de un modo exagerado. Hay que evitar los pensamientos negativos sobre la economía y tener una actitud más relajada en este campo.

En la Casa 3, Saturno puede crear algunas dificultades a la hora de comunicarse. Quizás uno se siente muy superior o inferior al otro, lo que crea barreras que sólo pueden salvarse con humildad.

En la Casa 4, Saturno puede crear algunas incompatibilidades a la hora de compartir un hogar común. La austeridad puede dominar la vida, o quizás haya una sensación de distancia entre ambos.

En la Casa 5, Saturno se encuentra en una posición bastante incómoda. Las obligaciones pueden asfixiar esta unión, o se puede sentir que si no fuera por determinadas circunstancias, no existiría relación alguna. Hay mucha dificultad para expresar amor en esta unión.

En la Casa 6, se favorecen las relaciones profesionales, o aquellas en las que se comparte una tarea común. En cualquier caso, hay que intentar que las obligaciones no sirvan como pretexto para evitar un entendimiento emocional más profundo.

En la Casa 7, Saturno puede impulsarnos a estudiar con seriedad las diferencias que puedan existir en la relación. En este punto ejerce una influencia muy positiva. Pero este planeta también puede generar tantas diferencias que hagan muy difícil la relación.

En la Casa 8, puede existir una gran resistencia a abordar los cambios o transformaciones que propone la relación. Resistirse al cambio suele ser un error, pero el miedo a lo desconocido puede ser demasiado fuerte en este caso. Cuidado con las conductas avariciosas.

En la Casa 9, Saturno provoca un acercamiento muy serio y cauteloso a cuestiones como la filosofía o la espiritualidad. El futuro se planifica con cuidado, pero puede haber un exceso de precauciones. No vendría mal correr algunos riesgos.

En la Casa 10, existe un gran interés por cumplir los objetivos comunes. Las relaciones profesionales pueden verse muy favorecidas por esta posición, pero hay que actuar con paciencia, cuidado y responsabilidad.

En la Casa 11, quizá se abandonen las relaciones amistosas que existían antes de empezar la relación, lo que será negativo a largo plazo, pues las buenas amistades siempre nos enriquecen. Los ideales o proyectos pueden ser muy diferentes y quizás difíciles de conjugar.

En la Casa 12, los comportamientos automáticos pueden crear dificultades en la relación. En algunos momentos podemos ser esclavos de nuestro subconsciente y esto no será positivo. La represión de las emociones no es nada positiva.

URANO COMPUESTO

En la Casa 1, Urano provoca una gran necesidad de encontrar libertad dentro de la relación, dando un gran énfasis a los factores más individualistas. La unión puede empezar de un modo sorprendente o rápido, y tendrá un efecto revolucionario en ambos.

En la Casa 2, los recursos materiales llegarán por vías poco usuales. Los aspectos financieros pueden ser algo inestables, lo que provocará algunas tensiones o conflictos. Nunca se debe negar la importancia del dinero en nuestra vida, aunque haya otras cuestiones, como los sentimientos, que son muy valiosos.

En la Casa 3, Urano puede indicar que nos hallamos ante una relación que puede revolucionar nuestra forma de ver la vida. La comunicación entre ambas personas puede ser muy diferente a lo que es normal entre otras parejas, y el modo de pensar de cada uno puede evolucionar bastante bajo esta influencia.

En la Casa 4, Urano hace que el concepto de "hogar" sea bastante especial. Quizás la pareja carezca de una casa común, o quizá ambos tengan poco interés de permanecer en ella. La propia raíz de la unión desafía la moralidad admitida, o ambas personas sienten que es diferente y especial.

En la Casa 5, la libertad será un requisito indispensable para que la relación fructifique, incluso hasta el punto de dificultar el matrimonio o la unión a largo plazo. Si otros factores lo favorecen, Urano puede crear aquí una relación abierta y nada convencional.

En la Casa 6, Urano tiene bastantes dificultades para encontrarse a gusto. Las responsabilidades compartidas pueden ser vistas como un atraso y quizás se dejen de lado. En esta relación puede haber bastante desorden y anarquía en lo que se refiere a la vida práctica.

En la Casa 7, Urano compuesto puede crear uniones nada convencionales. Si cada uno de los dos tiene claro esto y no se aferra a las formas establecidas, puede haber mucha felicidad compartida. Pero si alguno desea comprometerse de un modo más tradicional sufrirá, y la relación no podrá durar mucho tiempo.

En la Casa 8, Urano promueve bastantes cambios que se darán de forma brusca e impredecible. Estos cambios pueden provocar un gran crecimiento interior en ambos, pero también es cierto que esos cambios serán dolorosos en algún momento.

En la Casa 9, Urano propone un gran desafío, ya que su acción puede cambiar el modo en que miramos el mundo. La relación se convierte así en un acicate para el estudio o los viajes compartidos. Pero también existe la necesidad de comprender al otro y aceptarle tal como es, cosa que no siempre es tan fácil como parece.

En la Casa 10, Urano provoca cambios en las vidas de las personas que están alrededor. La pareja puede actuar como catalizador de esos cambios y también puede vivirlos en su seno. El estatus social de ambos cambiará radicalmente tras la unión.

En la Casa 11, existe el deseo de compartir la vida con amigos muy diversos y estimulantes. La propia relación estará llena de proyectos, algunos quizá irrealizables, y de apasionantes ideas compartidas.

En la Casa 12, pueden existir grandes conflictos con el exterior cuyo origen parece desconocido. Urano empuja a realizar un arduo trabajo de autoconocimiento, que permitirá entender las causas de cierto resentimiento oculto hacia los demás.

Neptuno compuesto

En la Casa 1, Neptuno compuesto deja caer un velo de misterio sobre la relación. Existe el peligro que ninguno de los dos sepa hacia dónde van las cosas y mientras uno piensa que todo es ideal, puede estar siendo engañado por la otra parte. También se puede sentir la necesidad de salvar al otro de algún problema o debilidad, corriendo el riesgo de convertirse en víctima de aquel a quien se pretendía ayudar.

En la Casa 2, indica una cierta confusión en la forma de manejar el dinero y los bienes materiales. La escala de valores no está clara, y se pueden derrochar muchos recursos por puro descuido. Será preciso que el más terráqueo de los dos se preocupe de estas cuestiones.

En la Casa 3, Neptuno puede crear problemas a la hora de comunicarse y entender los pensamientos o criterios del otro. Se puede intercambiar mucha información de manera intuitiva, pero hay que tener cuidado, también existe la posibilidad de autoengañarse.

En la Casa 4, la necesidad de crear un "hogar ideal" se hace muy fuerte, impidiéndonos ver la realidad del lugar en el que vivimos. Los ideales espirituales pueden estar en la raíz de toda la relación, pero existe la posibilidad de engañarse en los aspectos más cotidianos de la convivencia.

En la Casa 5, los sentimientos románticos son muy potentes. La relación puede estar muy idealizada y quizá uno de los dos está poniendo demasiadas ilusiones en ella. De este modo, todo lo que hoy parece maravilloso, mañana tendrá un aspecto horrible. Será mejor valorar la realidad tal como es.

En la Casa 6, Neptuno puede crear el sentimiento de que las tareas se hacen para cumplir un ideal, para servir a otras personas o a la pareja. La renuncia total no es buena, y uno de los dos se puede resentir de esta actitud, ya que todos necesitamos de vez en cuando hacer tareas que nos satisfagan personalmente.

En la Casa 7, Neptuno hace que la realidad de la pareja no sea exactamente la que parece a simple vista. Uno de los dos puede ejercer el papel de salvador, mientras que el otro es la víctima que debe ser rescatada. La realidad en este tipo de relaciones es que ambos son víctimas, ya que nadie puede salvar a nadie de sí mismo.

En la Casa 8, pueden existir algunas confusiones con respecto a los recursos materiales compartidos. Uno de los dos miembros de la pareja puede depender financieramente del otro. Por otro lado, con Neptuno aquí se pueden dar cambios radicales con resultados en el mundo espiritual.

En la Casa 9, Neptuno afecta a las creencias espirituales o religiosas. Ambas personas estarán muy interesadas en este tipo de cuestiones, y puede convertirse en un tema fundamental de la relación. Hay que tener cuidado porque también es posible que la vida no se contemple de un modo completamente realista bajo esta influencia.

En la Casa 10, Neptuno compuesto crea una gran confusión acerca de qué tipo de relación se está viviendo o cuál es el verdadero propósito de estar juntos. Quizás se trabaje conjuntamente en una tarea neptuniana, es decir, áreas de la salud, recuperación de enfermos, cuidado de otras personas, música, danza, etc.

En la Casa 11, Neptuno crea relaciones muy idealistas, no sólo con respecto a la vida en general, sino que también habrá demasiadas ilusiones acerca de la pareja. Este planeta favorece aquí la formación de relaciones platónicas.

En la Casa 12, este planeta puede ayudar a eliminar los egos particulares en pos de la creación de una unión completa. Hay que tener cuidado con este tipo de actitudes, ya que uno de los dos puede resentirse si siente que debe renunciar a sí mismo.

Plutón compuesto

En la Casa 1, la pareja intentará ejercer algún tipo de poder hacia el exterior. Esa energía puede provocar fuertes reacciones en las personas del entorno, por lo que conviene actuar con diplomacia. La forma de actuar de ambos puede cambiar radicalmente a raíz de la unión, lo que será percibido por todos.

En la Casa 2, Plutón produce grandes deseos de adquirir y guardar dinero. Se pondrá un gran énfasis en las cuestiones materiales, aunque no será este el único tema que proponga Plutón. La necesidad de compartir valores morales es fundamental y, de hecho, tu propia ética puede cambiar en el contacto con la pareja.

En la Casa 3, se puede producir un profundo impacto en la forma de pensar o de comunicarse con los demás. Se dedicará mucho tiempo a discutir los términos de la relación, con la intención de comprenderla más profundamente.

En la Casa 4, el pasado puede condicionar de un modo muy profundo las relaciones presentes. Los padres pueden tener una influencia directa en la pareja. Las presiones se sentirán en el hogar por lo que éste no será un buen lugar para descansar.

En la Casa 5, Plutón provoca tremendos estallidos emocionales. Estos sentimientos estarán multiplicados por la influencia plutoniana, pero pueden ser tanto positivos como negativos. El sexo puede ser una herramienta de dominio y quizás se convierta en una forma de escapar de la realidad.

En la Casa 6, las ocupaciones o el trabajo se pueden constituir en una especie de obsesión. Existe la necesidad casi obsesiva de hacer que todo funcione bien, que las tareas se cumplan de modo preciso. La diversión y el descanso parecen no tener importancia.

En la Casa 7, puede existir un gran estrés en el seno de la pareja, ya que ambos miembros son concientes que existen profundas diferencias y que hay que hacer un trabajo muy duro para limar esas divergencias. Uno de los dos puede intentar dominar al otro, con perversos resultados a medio o largo plazo.

En la Casa 8, Plutón provoca grandes cambios que se sustanciarán en diferentes períodos. La intensidad de los sentimientos es tan grande que resulta muy difícil de entender para el resto de las personas. No será fácil estar juntos, pero la relación puede traer un extraordinario crecimiento interior.

En la Casa 9, la pareja puede sentir la necesidad de convencer a los demás de sus propias ideas. Hay aquí un cierto sentimiento misionero que puede ser mal aceptado por los demás. La intolerancia con la forma de ser de los demás puede crear ciertos conflictos.

En la Casa 10, el desarrollo profesional puede convertirse en una auténtica obsesión. Hay un poderoso deseo de cumplir los objetivos, sean cuales sean, y la pareja cooperará en la resolución de los proyectos. Esta es una buena posición para una unión profesional, pero no tan buena para una relación sentimental.

En la Casa 11, los ideales y esperanzas tendrán una enorme fuerza en el devenir de la relación. Hay que tener cuidado, porque si se intenta vivir de ilusiones, la realidad vendrá para ponernos los pies en el suelo.

En la Casa 12, Plutón promueve grandes transformaciones espirituales. Todo el material reprimido saldrá a la luz en esta relación, y pueden existir algunas trabas ocultas. Probablemente uno de los dos, o ambos, deban someterse a algún tipo de terapia. Será para el bien de todos.

CAPÍTULO 9

EL AMOR SOLAR

En los capítulos anteriores hemos analizado astrológicamente las relaciones desde todos los ángulos posibles. Así, hemos podido estudiar con detalle lo que cada uno aporta a la unión: la compatibilidad entre ambos, las influencias mutuas, la interacción entre ambos y el funcionamiento de la pareja como una unidad. Este conocimiento es fundamental para poder construir una relación consciente y constructiva.

Pero toda esta información quedaría incompleta si no dedicáramos un espacio a hablar del amor desde un punto de vista práctico. Para ello, debemos analizar un poco más la propia esencia del amor, o para ser más exactos, los diferentes sentimientos que conforman nuestro concepto de amor. Porque el amor no es algo mágico, una idea etérea y maravillosa, sino un conjunto de sentimientos que podemos entender, aunque sea con un medio tan poco emocional como son las palabras.

Como veremos, toda relación se basa en cuatro grandes sentimientos que dan forma al amor, y para poder comprenderlos mejor, vamos a analizar cómo surgen y se intensifican en cuatro importantes etapas de nuestra vida.

La primera etapa comienza, evidentemente, con el nacimiento de la persona. A diferencia de otras crías de mamífero, que apenas unas horas después de nacer ya son capaces de levantarse, caminar y buscar activamente la leche materna, el "cachorro" humano es un ser totalmente indefenso durante su primera infancia. Para poder subsistir en estos delicados momentos, los seres humanos necesitamos la ayuda de una madre que nos sostenga entre sus brazos, que nos lleve hasta su pecho y nos alimente, lo que implica una relación de dependencia total hacia ella. Pero la dependencia no sólo está motivada por necesidades nutricias. En este período existen también demandas emocionales muy fuertes.

Es un hecho demostrado que los niños que no reciben cariño en su infancia, que no son tomados en brazos o que no reciben besos ni caricias, se desarrollan mal, son propensos a enfermar, y a la larga sufren importantes trastornos psíquicos. Por otro lado, muchos bebés con trastornos alimenticios o del sueño, mejoran considerablemente si sus padres les dan masajes en todo el cuerpo de forma cotidiana.

La sensación de ser cogido en brazos, de ser atendido cuando llora, da al niño una sensación de seguridad que es muy importante para su bienestar. Como resultado, cuando somos adultos, buscamos también amparo y afecto cuando nos abrazamos a las personas queridas. El cariño y la protección son fundamentales en la primera etapa de la vida, pero siguen siendo muy importantes en el resto de nuestra existencia.

La segunda etapa de nuestro crecimiento emocional surge con el nacimiento de la amistad. Las amistades empiezan a desarrollarse en la segunda infancia, cuando abandonamos el entorno familiar para ir a la escuela. Allí descubrimos a personas de nuestra edad, pero de orígenes muy diversos, y empezamos a captar las "diferencias" entre los seres humanos. En la adolescencia, esas relaciones amistosas se hacen verdaderamente importantes, tanto en el plano psicológico como afectivo. Surge la necesidad de unirse a un grupo, de identificarse con sus símbolos. Esta complicidad con personas que son similares a nosotros, provoca enfrentamientos de mayor o menor envergadura con la familia.

Esta es también la época de los ídolos. Las estrellas de la música, los actores o los grandes deportistas se convierten en objeto de admiración y fantasías. Esto se refleja de manera abundante en las camisetas, en los cuadernos escolares, e incluso en las paredes de la habitación del adolescente, tapizadas con fotografías de sus favoritos, es decir, de aquellos que han hecho realidad unos sueños similares a los suyos.

Las emociones adolescentes tienen por tanto tres características fundamentales: complicidad con personas similares a nosotros, oposición a otras personas que nos resultan diferentes, y sentimientos de admiración.

A medida que pasan los años, nos acercamos a la tercera etapa, donde surge y se cimenta el deseo sexual. Aunque muchas personas tienen sus primeras experiencias íntimas en la adolescencia, estas vivencias iniciales suelen estar motivadas por la curiosidad y generalmente no se recuerdan de un modo satisfactorio. Es en la juventud y en los primeros años de la edad madura, cuando las relaciones sexuales empiezan a ser realmente importantes, ya que dejan de estar centradas en el descubrimiento de algo nuevo y adquieren mayor plenitud.

La relación sexual es un terreno donde se manifiestan emociones muy profundas, emociones que resultan difíciles de explicar con palabras y que en muchas ocasiones escapan a cualquier planteamiento lógico. Por un lado, el sexo evoca el deseo de fusión, la entrega, la necesidad de escapar del yo para disolverse en el otro. Por otra parte, existe un anhelo de encontrar satisfacción personal, de hacer realidad fantasías muy privadas. Hay por tanto una batalla entre la negación del yo y su reafirmación, entre la ternura y la fuerza, entre el abandono y la lucha. Con tan potentes sentimientos en juego, no es extraño, que la sexualidad sea tan importante para muchas personas. Así, hay quien le concede una importancia desmesurada, hasta el punto de condicionar toda su vida. Otros, en cambio, reniegan de su sexualidad, temerosas de asomarse a sus abismos, y sin darse cuenta la convierten en el centro de su vida, aunque sea por la vía de la negación.

Aunque la mayor parte de nosotros nos encontremos a medio camino entre esos extremos, no dejamos de experimentar los profundos sentimientos asociados a la emoción sexual, sentimientos que cuando son verdaderamente intensos, resultan muy difíciles de comprender y asimilar.

Por fin, en la cuarta etapa, la madurez, empezamos a sentir una llamada interior. De un modo inconsciente sabemos que nuestra vida se va acercando lentamente a su conclusión natural. Las crisis de la madurez vienen motivadas por esta circunstancia, y si bien estos sentimientos pueden estar muy ocultos en nuestro interior, no cabe duda que influyen decisivamente en el comportamiento.

Muchas personas reaccionan intentando evitar esta realidad y huyen hacia el pasado, motivados por el deseo de recuperar la juventud perdida. Y aunque el deseo de mantener el cuerpo en las mejores condiciones, independientemente de la edad, es muy loable, algunos intentos de volver atrás en el tiempo resultan bastante patéticos. La mujer madura cuyo rostro parece una máscara deformada por años de cirugía, o el abuelo que quiere imitar la indumentaria de su nieto, son ejemplos bastante conocidos.

Pero más allá de estas reacciones, en la madurez existe el sentimiento de que la vida ha de tener un propósito. En vez de intentar recuperar un tiempo que ya se ha ido, crece la sensación de que hay que mirar al presente y hacia el futuro, aprovechando al máximo cada instante. Por este motivo, algunas personas sienten un súbito interés por la espiritualidad, por conocerse a sí mismos, y del mismo modo que en el pasado vertieron sus energías al exterior, intentan ahora volcarlas hacia el interior. Es por tanto una época más individualista, que a veces provoca rupturas, pero que debería vivirse en el contexto de las relaciones que se han ido formando a lo largo de la vida. Es también una etapa más desprendida, ya que en nuestro interior está creciendo la conciencia de que todo es pasajero, e inconscientemente buscamos liberarnos de ataduras.

A diferencia del adolescente, que añora un sentimiento abstracto de libertad, sin saber aún que la libertad implica la responsabilidad de hacernos cargo de los resultados de nuestras acciones, la persona madura busca la libertad para ser más ella misma. Por este motivo, esta es una época en la que suele crecer el sentimiento de tolerancia, que podría expresarse con estas palabras: "déjame ser como soy, que yo te dejaré ser como eres". Así, mientras los padres se preocupan mucho por la educación de sus hijos, los abuelos saben por instinto que los niños sólo necesitan amor y comprensión.

De este modo, podemos ver como desde la infancia hasta la madurez nos desplazamos desde la dependencia hasta la libertad en un despliegue de sentimientos y vivencias muy intenso. Como ya habrás notado, aunque hemos explicado estos sentimientos a través de la evolución de la persona, realmente son sensaciones que se dan, de un modo u otro, en todas nuestras relaciones adultas.

Resumiendo todo lo anterior, podemos decir que en toda relación sentimental importante se da una combinación de estos cuatro tipos de emociones:

- La necesidad de recibir cariño, protección y cuidados.
- El deseo de estar con personas afines, con quienes compartir intereses comunes y que sean dignos de admiración.
- El impulso sexual que nos lleva a invocar emociones muy profundas y a veces contradictorias.
- La necesidad de ser libres para poder desarrollarnos según nuestros deseos, desarrollando de esta forma más tolerancia y desprendimiento.

Evidentemente, no todos los sentimientos se dan en la misma medida en todas las relaciones, ya que son como los ingredientes de un cóctel, que sumados en distinto grado, dan combinaciones muy diferentes. Esto explica la diferencia entre unas relaciones y otras, y el hecho de que una misma relación evolucione desde unos sentimientos a otros con el paso del tiempo.

En ocasiones, esta evolución en las relaciones puede provocar algunas crisis en el seno de la pareja. De hecho, no todas las rupturas se dan por una pérdida del sentimiento amoroso, sino por la propia evolución de las emociones, que cuando no siguen el mismo camino para ambas personas, provoca importantes discrepancias.

Llegamos aquí a una cuestión muy importante, que es la inestabilidad actual de las relaciones sentimentales. Nunca se ha hablado tanto del amor como en el presente, y nunca como ahora se ha aceptado mejor el derecho natural de hombres y mujeres a ser felices en sus relaciones sentimentales. Los matrimonios forzados son cosa de un pasado remoto, y cada vez hay menos personas dispuestas a asumir que la infelicidad o los malos tratos son algo que hay que soportar en silencio. Más que nunca valoramos las relaciones, y asumimos que si existen es para traernos felicidad y no desdicha.

Pero al mismo tiempo, la tasa de divorcios crece constantemente en todo Occidente. Cada vez hay más personas que viven solas y un porcentaje creciente de niños viven en familias monoparentales. Así que ¿cuál es la causa de esta inestabilidad? Desde luego son múltiples, pero como este libro no pretende ser un tratado sociológico, sino una guía práctica para conocer nuestras relaciones, nos centraremos en las dos más importantes.

Por un lado, estamos en un momento de crisis planetaria que afecta a todas las conciencias. La humanidad está cambiando a un ritmo trepidante y aún no somos capaces de imaginar adónde nos conducen retos como la revolución en las telecomunicaciones o la manipulación genética. En el plano de la conciencia hay también grandes turbulencias. Muchas personas desean aferrarse a sus proyecciones y sus mitos, es decir, a sus sueños del "príncipe azul". Otras personas, en cambio, están despertando a la conciencia de que nuestro desarrollo personal tiene una influencia determinante en el modo que tenemos de vivir las relaciones. Muchos descubren que hay un abismo cada vez mayor entre su nivel de conciencia y el de su pareja, lo que provoca una gran confusión y muchas dudas.

Ya no estamos en una época en que se puedan analizar las relaciones sólo desde el plano emocional, particularizando sentimientos que son comunes a toda la humanidad. Es tiempo de ampliar la visión y entender que hay factores psicológicos y espirituales que se suman a nuestros sentimientos, influyéndonos de un modo decisivo.

En segundo lugar, otro de los problemas que se detectan en las relaciones actuales, es que tenemos unas expectativas demasiado elevadas con respecto al amor. Esperamos que nuestra pareja nos ofrezca cariño y protección, que nos cuide, pero al tiempo que nos conceda libertad. Queremos encontrar en él o en ella la confianza y la complicidad de un buen amigo, pero tampoco queremos renunciar a la dosis de misterio y fascinación que hacen que el sexo sea realmente excitante. Deseamos que el amor sea emocionante y duradero, pero que también sea algo cotidiano y, por tanto, sujeto a la rutina. Lo queremos todo, y a ser posible, en grado superlativo.

Realmente, el tener altas expectativas en el amor no es en sí algo negativo, más bien es un signo de los tiempos que vivimos. Nuestros abuelos se conformaban con mucho menos, pero la sociedad actual es mucho más compleja y nuestras necesidades son ciertamente diferentes.

Pero en ocasiones, las expectativas son tan elevadas que es difícil encontrar a alguien que pueda cumplirlas en su totalidad. Curiosamente, para conseguir todo eso de una sola persona, muchos se encierran por completo en su relación sentimental. Así, renuncian a sus amigos, cierran las puertas a la posibilidad de conocer gente nueva, evitan unirse a personas que puedan compartir sus intereses a través de clubes o asociaciones y, lo que es más importante, renuncian a la relación más importante de su vida, la relación consigo mismos.

Una vida emocional saludable no está basada sólo en las relaciones amorosas, sino en cultivar, con tiempo y generosidad, a nuestros amigos, a la familia, al entorno humano que vivimos, tanto vecinal como laboralmente. Nadie nos va a dar todo lo que necesitamos, ni en la medida en que nos gustaría, pero sí podemos compartir sentimientos con diversas personas y en distinto grado. Seguramente hay alguien con quien compartiremos ternura y pasión, pero eso no impide que podamos encontrar amistad, libertad o afecto en otros. No hay que restar, sino sumar.

Como se indicó anteriormente, a esta suma se debe unir la relación que mantenemos con nuestro propio ser. Buscar un tiempo para nosotros, para disfrutar en soledad con nuestros pensamientos, llevar un diario íntimo, tener un rincón propio, son necesidades vitales a las que nunca debemos renunciar.

La triste realidad es que muchas personas están con alguien no por lo que su pareja les aporta, sino simplemente porque no saben estar solas. Muchas relaciones deterioradas se arrastran en el tiempo por el temor a la soledad y algunas personas pasan su vida saltando de una relación a otra, sin darse un margen de tiempo para sí mismas. Estas personas olvidan una ley fundamental de las relaciones humanas: *sólo podemos disfrutar de las relaciones con otras personas si somos capaces de disfrutar de la soledad.*

El encuentro con nosotros mismos es fundamental para poder ser felices en las relaciones, porque sólo aceptándonos tal como somos podemos aceptar a los demás de un modo auténtico. Así que frente a los engaños de nuestras proyecciones, la solución para poder vivir unas relaciones más constructivas está en lo que podríamos llamar el "amor consciente", que podríamos también denominar, en un plano más puramente astrológico, "amor solar".

El amor consciente o solar consiste en descubrir y valorar los anhelos evolutivos que existen en cada ser humano (sea consciente de ello o no), aceptando a los demás y valorando nuestra propia individualidad.

Descubrir el amor solar es un trabajo cotidiano, una forma de mejorar paulatinamente nuestras relaciones. No es un objetivo absoluto que haya que alcanzar para poder ser felices, sino un camino a recorrer. Nadie llega a vivir este amor al ciento por ciento, ya que todos somos seres imperfectos, pero nada nos impide perseverar con paciencia en este camino, sabiendo que cada paso, por pequeño que sea, tiene su recompensa.

Por tanto, el amor solar debería tener, al menos, estas características fundamentales:

- Honrar a nuestro Sol, lo que implica amarse y respetarse a uno mismo, al espacio vital propio, y a nuestro propio camino de evolución personal.

- Aceptar que cada persona es, en esencia, un ser espiritual que está en proceso de aprendizaje. Esto implica respetar el camino de cada cual, sus aspiraciones y sus retos vitales. Rechazando la falsa idea de que los demás deben ser como nosotros, aprendemos a verlos tal como son y nos ponemos en su lugar, al tiempo que nos liberamos de muchas de nuestras rigideces.

- Intentar ser cada día un poco más generosos, aprendiendo a dar, pero también a pedir y a recibir. La generosidad es una corriente en dos direcciones y no sólo se ejerce con los demás, sino con uno mismo. Esto implica dar sin esperar recompensa, pero también evitar las exigencias, así como retirar las máscaras de invulnerabilidad que a veces nos ponemos.

- Recuperar el diálogo abierto y sincero, dedicando nuestra energía a valorar todo lo positivo que hay en los demás y evitando caer en la crítica despiadada. Este diálogo debe hacerse teniendo en cuenta el nivel de comprensión de cada cual, y con la mayor ecuanimidad posible.

El amor solar consiste, en definitiva, en descubrir el Sol dentro de nosotros y en las personas de nuestro entorno. El Sol, como ya se sabe, es un elemento fundamental en la Astrología. Generalmente simboliza el núcleo básico de la personalidad, el yo, la identidad fundamental del ser humano. Pero en un plano evolutivo, podemos ver también al Sol como aquello a lo que aspiramos, o por decirlo en otras palabras, el camino hacia lo mejor de nosotros mismos.

Probablemente el Sol no ha sido correctamente apreciado en el mundo de las relaciones amorosas, ya que su naturaleza es muy individualista. Pero se trata de un símbolo muy importante, porque las relaciones no existen simplemente para que los demás nos den placer, sino para que nos desarrollemos interiormente. Por ello es muy importante analizar el signo solar de cada persona.

Nuestro signo solar es el signo en que se encuentra el Sol en el momento del nacimiento, y es bien conocido por todos. Para concluir este fascinante viaje por el mundo de las relaciones, te invito a que estudies tu signo solar y el de las personas de tu entorno, a fin de encontrar claves para honrar a tu Sol, mejorando así tus relaciones, tanto con tu propio ser como con aquellos que te rodean.

SOL EN ARIES

Con el Sol en el signo de Aries, el énfasis está puesto en el desarrollo del yo frente a los demás. Para honrar esta energía, hay que hacer caso de los arranques de entusiasmo, dejarnos llevar por la franqueza, recuperar la sonrisa, expresar sentimientos positivos con ardor y sinceridad. Como en todos los signos de fuego, el enamoramiento es especialmente importante, pero tiene aquí un componente más individual, menos volcado en el otro y más en los propios sentimientos. Disfrutar de estas sensaciones, pero al tiempo ser capaces de ver cómo es la otra persona en realidad, es un reto fundamental para Aries.

Este signo parece no depender como otros de la aprobación social, pero en su interior hay un gran deseo de reconocimiento, de ser querido. En realidad, Aries quiere encontrar la armonía, pero debe buscarla, antes que en ningún otro sitio, en su propio interior. El amor propio es fundamental, pero también saber perder el sentido del ridículo, recuperando valores de la infancia como el juego, la inocencia o la espontaneidad. Amar nuestro Aries interior requiere encontrar un espacio lúdico y desinhibido donde desarrollar las potentes energías de este signo.

SOL EN TAURO

Tauro es otro de los signos menos sociables de la rueda zodiacal. Realmente, lo que Tauro desea es encontrar zonas estables, donde poder echar raíces sin miedo a que los vientos de la vida derriben su estructura. El Sol en Tauro busca soluciones creativas y desea ser fecundo, construir, crear. Para honrar esta energía, hay que encontrar espacio y tiempo para realizar actividades constructivas. Da igual si es una obra artística o un trabajo de bricolaje en el hogar, lo importante es ocupar las manos en hacer cosas sólidas que den satisfacción a esos deseos creativos.

Tauro hará las cosas a su ritmo, que suele ser bastante lento, pero también se tomará su tiempo para descansar y disfrutar de los placeres de la vida. El amor por la buena cocina, el disfrute relajado en el campo, los paseos tranquilos, son buenas terapias para este signo, y le darán la oportunidad de recargar sus baterías.

Interiormente, Tauro no es tan plácido como parece, ya que frente a su apariencia relajada, bullen deseos de transformación. Aunque no lo reconozca, necesita intensidad emocional en su vida, y quizás la busque en la pareja, pero no estaría de más que dejara salir de vez en cuando ese torbellino interior, para así poder manejarlo mejor.

SOL EN GÉMINIS

El Sol en Géminis llega a una de las posiciones más mentales y llenas de curiosidad de todo el horóscopo. Si tu Sol está en este signo, debes honrarlo a través del estudio constante, de la lectura, acudiendo al cine, al teatro y, sobre todo, dialogando. Géminis es un signo frío, que resulta bastante sociable, pero que no desea implicarse profundamente en las relaciones. Se siente bien con personas dialogantes, ya que él mismo es bastante hablador. En los niveles superiores del signo, Géminis disfruta con la enseñanza, dando conferencias, participando en debates o escribiendo libros (no en vano, muchos escritores y periodistas pertenecen a este signo).

Bajo esa apariencia mental y fría, en el fondo del corazón geminiano bulle el fuego de la aventura y la pasión. No es extraño que los nativos de este signo sientan atracción por las personas ardientes y arriesgadas. Pero también es cierto que Géminis debería aceptar en sí mismo estas energías, abriéndose a relaciones más intensas, arriesgándose, desarrollando más empatía con los demás. Encontrar el fuego en su vida es uno de sus retos fundamentales, así como aprender a poner el corazón en todo lo que hace.

SOL EN CÁNCER

Cáncer es un signo muy emocional, que busca, por encima de todo, sentirse parte de algo, pertenecer a una entidad que sea más grande, más valiosa que él mismo. Honrar al Sol en Cáncer significa estar abiertos a los sentimientos, pero buscando la seguridad emocional en uno mismo antes que en los demás. Cáncer necesita el respaldo de la comunidad, de la familia, y es feliz viendo crecer a los hijos, pero no debe esperar que los demás se lo den todo, también ha de trabajar solo.

Para encontrarse a sí mismo, Cáncer debe buscar serenidad en el entorno, aislarse de las demandas emocionales del ambiente. Aprender del pasado será una de sus mejores bazas, pero debe tener cuidado para que las vivencias pretéritas no ahoguen la espontaneidad del presente. Una vez alcanzada la paz interior, podrá salir al encuentro de todas las personas que ama.

Interiormente, Cáncer tiene bastante más sentido práctico de lo que parece a simple vista. Se siente atraído por las personas determinadas, estables, serias y prácticas. Pero estas cualidades están en su interior, y debe aprender a reconocerlas en su propia vida. Sólo así encontrará la serenidad que tanto anhela.

SOL EN LEO

El Sol está a sus anchas en el signo de Leo, pues esta es su posición natural en el zodiaco. Honrar al signo de Leo implica abrirnos a toda la fuerza de los sentimientos con generosidad y confianza. Desarrollar la fe en uno mismo, la expresión sincera y positiva, la seguridad en las propias capacidades, son cualidades leoninas que debemos expresar bajo este signo solar. La persistencia de Leo es una de sus cualidades más destacadas y debe desarrollarse a través de las actividades de la vida cotidiana, siendo fieles a nosotros mismos y a nuestros principios morales.

En su interior, Leo es también un signo que añora la amistad, la igualdad entre las personas. Por más que parezca aristocrático, conservador y orgulloso, en el fondo de su alma Leo desea compartir su vida con personas de carácter liberal, abiertas a nuevas ideas. Pero estas son cualidades que debe desarrollar en sí mismo, si desea descubrir su verdadera cualidad solar.

SOL EN VIRGO

Cuando el Sol se halla en el signo de Virgo, se desarrolla mucho el sentido de la eficiencia. Hay una cierta actitud precavida ante la vida, que debe otorgarnos seguridad y confianza en nuestras propias posibilidades. Virgo es un signo muy centrado en las tareas cotidianas, que puede encontrar una adecuada senda de crecimiento a través de las ocupaciones, del trabajo, de cumplir las obligaciones que se le imponen.

Frente a su apariencia organizada y crítica, en el interior de Virgo bulle un alma profundamente romántica y sensible. Honrar a Virgo significa reconocer esta realidad, entregar tiempo a los demás a cambio de nada, ser emotivos y cariñosos. La abnegación es una vía de crecimiento que puede ser positiva si se realiza del modo correcto, es decir, a partir de una elevada autoestima y sin esperar ninguna recompensa. En este sendero, Virgo obtiene lo mejor de sí mismo y de los demás.

SOL EN LIBRA

Libra es el signo más sociable de todos los que componen el zodiaco. Entregado a los demás, Libra parece que no puede dar un paso sin contar con la opinión de los otros. A través de la diplomacia, del contacto sensible con las personas del entorno, Libra desarrolla sus relaciones personales. Para este signo, la armonía es fundamental, y por eso puede crecer mucho interiormente en cualquier ambiente que rezume belleza, en contacto con el arte, con la naturaleza, o con personas de buenos modales. Todo lo hermoso es agradable para Libra y forma parte de su camino de crecimiento.

Pero tampoco hay duda que en el interior de Libra palpita un corazón independiente que está deseando ser descubierto. Todos sus buenos modales, su interés por las relaciones, están condicionados por ese fuerte deseo de ser libre, de expresar sus sentimientos de un modo directo. Luchando por la independencia, Libra honra a su Sol y expresa lo mejor de sí mismo.

SOL EN ESCORPIO

La esencia del Sol en Escorpio convoca un conjunto de profundos sentimientos que no son fáciles de expresar con palabras. Vivir esas emociones de un modo abierto y directo es uno de los retos a los que se enfrenta este signo, y por tanto, uno de los caminos hacia la plena expresión de sí mismo.

Escorpio vive en la transformación, en el cambio, y debe aceptar en su vida los procesos de ruptura, de destrucción y construcción que son inherentes a la propia existencia. Nada permanece inmóvil, y este signo debe buscar estabilidad en situaciones que están sujetas a cambio. Porque en el interior de Escorpio late el deseo de encontrar estabilidad, de afianzarse en el mundo. Pero esta serenidad y aceptación sólo pueden surgir a partir del reconocimiento del cambio vital. Escorpio se hallará a sí mismo dondequiera que haya emociones intensas, erotismo y pasiones desatadas. Honrará a su Sol dejándose llevar por la profundidad de sus sentimientos.

SOL EN SAGITARIO

El Sol en Sagitario ocupa el tercero de los signos de Fuego, y está por tanto en una posición muy favorable para él. La espontaneidad de este signo es muy grande, así como su deseo de vivir intensamente, de experimentar aventuras. Sagitario es directo, curioso y deportivo, y puede encontrarse a gusto consigo mismo en medio de los retos, aprendiendo acerca de culturas extranjeras y, por encima de todo, viajando. Un largo viaje a cualquier país lejano es uno de los mejores regalos que Sagitario puede hacerse a sí mismo. Por otra parte, los estudios serios son también una de sus facetas de mayor crecimiento. Así que si Sagitario hubo de renunciar a los estudios a temprana edad, siempre está a tiempo de recuperar el tiempo perdido.

En el fondo de su corazón, Sagitario es un signo que desea comunicarse con los demás en un nivel más mental que emocional. Esa es su aspiración secreta, pues externamente tiende al apasionamiento y a decir lo que siente de un modo algo atropellado. Reconociendo sus valores mentales, su cualidad expresiva, Sagitario encuentra la posibilidad de honrar a su Sol, no sólo en lo que le resulta más sencillo, sino también en el reto de mejorarse y completarse a sí mismo.

SOL EN CAPRICORNIO

Con el Sol en Capricornio, existe el deseo de encontrar nuestro lugar en el mundo material. Capricornio es un signo ambicioso, pero también profundamente leal y trabajador. En el plano sentimental puede ser muy reservado y algo tímido, por lo que se tiende a creer que es un signo frío. En realidad, en el interior de Capricornio late un corazón sensible, que desea crear una familia y ser feliz en las relaciones.

Para honrar a su Sol natal, Capricornio debe emplear su poder y su laboriosidad para sacar afuera los sentimientos más nobles que puedan existir en su interior. En vez de luchar por la posición o por el dinero, Capricornio debe convertir su vida en una batalla espiritual, en la que la meta sea alcanzar un mayor grado de generosidad y fuerza emotiva. Desde luego, nunca descuidará sus obligaciones materiales, y puede convertirlas en un campo de trabajo donde pulir sus imperfecciones.

Sol en Acuario

Honrar a nuestro Sol en Acuario implica descubrir la parte más progresista y humanitaria de nuestro ser. Acuario ama la libertad más que nada en el mundo, así como las ideas novedosas. Pero bajo su apariencia liberal y despreocupada, interiormente este signo es bastante más aristocrático de lo que puede parecer a primera vista, y le interesa mucho lo que los demás puedan pensar de él.

El Sol en Acuario espera encontrar amistades duraderas, compañeros fieles con quienes compartir sus múltiples inquietudes vitales. Pero en la medida en que sepa acompañar estas relaciones con un tono más cálido y emocionalmente comprometido, podrá extraer lo mejor de sí mismo y de los demás. Acuario necesita retos emocionales y no sólo intelectuales, y debe aprender el valor de los lazos emocionales, de pertenecer a algo, de poner su corazón en una relación. Por ese camino, encontrará el Sol en sí mismo.

Sol en Piscis

Piscis es un signo muy sensible, como sus compañeros en el elemento agua: Cáncer y Escorpio. Con el Sol en esta posición, los asuntos del corazón son muy importantes, pero existe la tendencia a entregar demasiado a cambio de muy poco. Piscis es vulnerable a las demandas emocionales de los demás, pero difícilmente reclama lo que en justicia le pertenece.

Honrar al Sol en Piscis requiere valorar esos sentimientos de entrega, pero sumados a una correcta percepción de uno mismo. Aquí es muy importante elevar al máximo la autoestima, volcarse en las soluciones prácticas que realmente desea alcanzar para su vida. Porque tras una apariencia sensible y delicada, Piscis esconde bastante fuerza y un gran espíritu crítico que está esperando a emerger para poder completar su personalidad. Los tiempos de descanso y el deseo de retirarse del mundanal ruido, deben conjugarse con la inmersión en la realidad cotidiana, y juntas contribuirán a poner las cosas en su justo lugar. Mezclando compasión y firmeza, Piscis sigue el luminoso camino que le marca su Sol interior.

EL DISCURSO DE SÓCRATES

*E*n *El Banquete* de Platón, asistimos a una charla entre diversos personajes de la Grecia clásica cuyo tema central es el amor. Cada uno de los asistentes pronuncia un discurso, exaltando las virtudes del dios Eros, patrón del amor, la misma divinidad que sería luego conocida por el nombre de Cupido.

Entre los presentes está Sócrates, maestro del propio Platón, que narra el discurso principal del relato. Siguiendo su estilo habitual, de preguntas y respuestas, Sócrates rebate los argumentos que han expuesto sus contertulios antes de comenzar a explicar su doctrina sobre el amor. Así, para él el amor es amor a la belleza, que Sócrates equipara a la bondad. Y si quien busca algo es porque no lo posee, el amor no es en sí mismo ni bello ni bueno, sin ser tampoco feo o malo. Es un término medio entre ambos contrarios.

Para afianzar su doctrina sobre el amor, Sócrates refiere un diálogo que mantuvo en su juventud con una mujer extranjera llamada Diotima. Mucho se ha especulado acerca de la existencia real de este personaje, pero de lo que no cabe duda es que Diotima refleja muy bien el ánima del propio Sócrates y su aprendizaje a través de la experiencia del amor.

Según Diotima, el Amor (Eros), es un gran Genio, un daimón, que está a medio camino entre lo humano y lo divino. Como todo genio, Eros sirve de intermediario entre el mundo de los hombres y el de los dioses, y por eso participa de las características de ambos mundos. Fue concebido el mismo día en que nació Afrodita, siendo hijo de una mujer y de un dios inmortal.

Eros hace que los seres humanos amen las cosas bellas y buenas, porque quien las posee es feliz. Pero si el amor es el deseo de poseer eternamente lo que es bueno, los seres humanos sólo adquieren la eternidad a través de la procreación, es decir, teniendo hijos. Por eso, quien siente el deseo de procrear se dilata de placer al encontrar lo que es hermoso, y de ese modo, a través del amor, engendra.

El deseo de inmortalidad puede ser corporal o espiritual, y de este modo algunas personas que son fecundas en lo corporal tienden a engendrar hijos, pero quienes lo son espiritualmente, buscan tener hijos del espíritu, engendrando en ellos, a través de su ejemplo y enseñanzas, la belleza y la bondad.

Realmente, en nuestra vida tenemos la oportunidad de experimentar ambas clases de procreación. Pues si bien en nuestra juventud comenzamos por amar un cuerpo bello, elevando luego nuestra visión a todos los cuerpos hermosos; a medida que maduramos, entendemos que la belleza intelectual y moral es más elevada y más deseable que la del cuerpo mismo. De este modo, llegamos a la intuición de que existe una suprema belleza absoluta, la belleza espiritual. Esta belleza del espíritu es aquella a la que todos debemos aspirar, ya que implica la suprema perfección del ser humano. Todo esto se logra gracias al poder del Amor, así que como dice el propio Sócrates:

> *Por eso precisamente yo, por mi parte, afirmo que todo hombre debe honrar a Eros, y yo personalmente honro las cosas del amor y las practico sobremanera, y también animo a los demás a que lo hagan, y ahora y siempre elogio el poder y la valentía de Eros.*

RUEDAS ZODIACALES

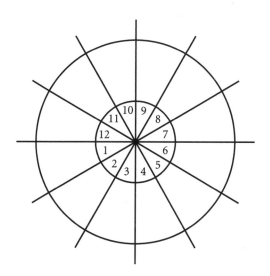

Casas de__ _

Planetas de _

Casas de___ _

Planetas de___ _

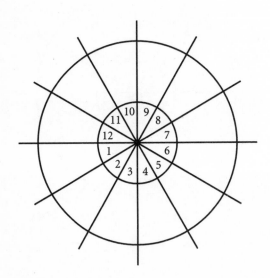

Carta compuesta de _ _ _ _ _ _ _ _ _ _ _ _ _ _ _ _ _

y _

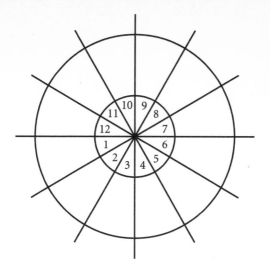

Casas de__ _

Planetas de __ _

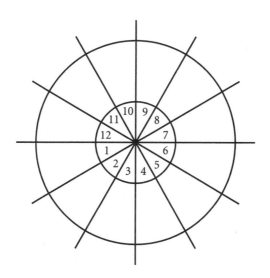

Carta compuesta de _ _ _ _ _ _ _ _ _ _ _ _ _ _ _ _ _

y _

Casas de__ _

Planetas de__ _ _ _ _ _ _ _ _ _ _ _ _ _ _ _ _ _ _ _

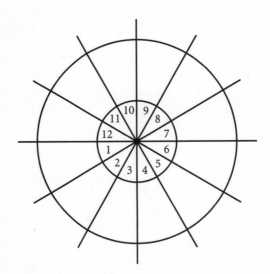

Carta compuesta de _ _ _ _ _ _ _ _ _ _ _ _ _ _ _ _

y _

Bibliografía

Arroyo, Stephen: *Modernas Dimensiones de la Astrología*. Sirio, Málaga, 1987.

Este libro es la trascripción de dos cursos realizados por el autor y referidos a la sinastría. La edición deja mucho que desear, porque se comete el error de transcribir el lenguaje oral al escrito de un modo literal. De este modo, se repiten muchos giros lingüísticos que son comunes en la expresión verbal, pero que resultan engorrosos a la hora de leer. A pesar de que no es de fácil lectura y está escrito con un cierto desorden, contiene una gran cantidad de información útil y merece la pena tenerlo en cuenta. Una obra adecuada para personas con cierto conocimiento del tema.

Déniz, Octavio: *Cómo entender su Carta Astral*. Llewellyn Español, St. Paul, Minnesota, Estados Unidos, 2003.

Este libro propone un método de análisis de la Carta Astral apto para cualquier persona, independientemente de sus conocimientos astrológicos. El análisis correcto de la natalidad es fundamental para el desarrollo de un buen estudio sinástrico, por lo que este libro puede ser un buen complemento al que actualmente tienes en tus manos.

Hand, Robert: *Planets in Composite.* Whitford press, Pensilvania, Estados Unidos, 1975.

Esta es la obra de referencia en el estudio de la Carta Compuesta. Aunque utiliza un método diferente, y a mi juicio poco adecuado, para el cálculo de casas del tema compuesto, está repleto de datos útiles, extensas y exhaustivas interpretaciones, y muchas buenas ideas. Aunque es demasiado especializado para el lector medio, definitivamente no hay otro libro mejor para el estudio profundo de la Carta Compuesta.

——: *Los Símbolos del Horóscopo.* Urano, Barcelona, 1993.

Una de las obras más importantes de la astrología contemporánea. Aunque no es un libro específicamente dedicado a la sinastría, contiene gran cantidad de información acerca de los símbolos de la Carta Natal: signos, casas, planetas y aspectos. Es una lectura fundamental para todas las personas seriamente interesadas en el conocimiento astrológico.

Idemon, Richard: *Astrología de las Relaciones.* Urano, Barcelona, 1996.

A diferencia del libro de Stephen Arroyo, esta obra de Idemon, que recoge uno de sus seminarios, está muy bien editada y traducida. Con su habitual maestría, el desaparecido Richard Idemon hace un genial esbozo de los sentimientos y las relaciones de pareja desde el punto de vista astrológico y psicológico. Es una obra de lectura amena y bastante comprensible, pero no por ello menos profunda. Su lectura garantiza horas de reflexión. Indispensable.

March, Marion D. y Joan Mcevers: *The Only Way to Learn About Relationships.* Acs publications, San Diego, California, Estados Unidos, 1996.

El famoso dúo de autoras astrológicas aborda la sinastría en este denso libro. A pesar de su reducida extensión, esta obra explica diversas técnicas y aporta una buena cantidad de datos sobre la sinastría, así como una generosa dosis de ejemplos. Requiere buenos conocimientos de astrología.

Pascal, Eugene: *Jung Para la Vida Cotidiana*. Obelisco, Barcelona, 1998. He aquí una obra que aborda el pensamiento y la psicología de Jung de un modo muy comprensible para cualquier tipo de lector. No se trata de una obra astrológica, pero merece la pena por la sencillez con que explica conceptos muy complejos. Hay que destacar el capítulo dedicado al mundo de las relaciones sentimentales donde, se desarrollan los conceptos junguianos del ánima y el animus. Personalmente, este es el primer libro que recomendaría a cualquier persona interesada en Jung.

Platón: *El Banquete*. Alianza Editorial, Madrid, 2001. Aunque no se trata de una obra astrológica, este clásico es un libro muy apropiado para todos aquellos que quieran reflexionar acerca del amor y las diferentes interpretaciones que se han dado de él. No hace falta recordar que Platón es uno de los más grandes filósofos de todos los tiempos, pero sí hay que subrayar que es además un escritor excelente. Aunque hay muchas ediciones críticas de esta obra, recomiendo leerla de un modo directo, sin hacer caso de teorías o interpretaciones, dejando que la voz de Platón se escuche por sí misma. Sólo hay que hacer una precisión, aunque en la obra se habla extensamente del amor homosexual, muy normalizado en la época, su mensaje se aplica a cualquier tipo de relación humana.

Thornton, Penny: *Sinastría*. Edaf, Madrid, 1988. Esta es una obra de reducidas dimensiones pero muy bien escrita y de lectura fácil. La autora comete algún patinazo (como la buena valoración que hace de la relación entre el príncipe Carlos de Inglaterra y Lady Di), pero aún así es un gran libro. Recoge las principales técnicas sinástricas y las explica bastante bien. No requiere grandes conocimientos previos, lo que la convierte en una obra adecuada para todas las personas interesadas en la Sinastría.

LLEWELLYN ESPAÑOL

lecturas para la mente y el espíritu...

* Disponibles en Inglés

Richard Webster

QUIROMANCIA PARA PRINCIPIANTES

Realice fascinates lecturas de la mano a
cualquier momento, y en cualquier lugar.
Conviértase en el centro de atención con sólo
mencionar sus habilidades como adivinador.
Una guía que cubre desde las técnicas básicas,
hasta los más recientes estudios en
el campo quiromántico.

$5\frac{3}{16}$" x 8" • 240 págs.

0-7387-0396-6

Octavio Déniz

CÓMO ENTENDER SU CARTA ASTRAL

La carta astral es la herramientamás eficiente
para interpretar la relación entre el
ser interior y el universo.
Cómo entender su carta astral le enseñará a
entender los elementos que conforman
la carta astral para comenzar una exploración
fascinante hacia el universo interior.

7½" x 9⅛" • 312 págs.

0-7387-0215-3

MABEL IAM

¿Qué hay
Detrás
de tu
Nombre?

Descubre tu destino
Angel protector
Compatibilidad astrológica

Mabel Iam

¿QUÉ HAY DETRÁS DE TU NOMBRE?

Mabel revela en esta obra cómo emplear las
cualidades y los poderes en nuestro nombre para fortalecer el autoestima y mejorar
las relaciones con los demás. Contiene el
significado de las letras, la personalidad detrás
de los nombres, el Ángel correspondiente para
cada nombre y su compatibilidad astrológica.

5³⁄₁₆" x 8" • 384 págs.

0-7387-0257-9

Migene González-Wippler
LEYENDAS DE LA SANTERÍA
PATAKI

Adquiera mayor entendimiento sobre los
origenes de la Santería. La antropóloga cultural
Migene González-Wippler, recopila cincuenta
auténticos Patakis (leyendas) en donde
los Orishas (deidades de la santería)
representan todos los arquetipos que
simbolizan la condición humana y describen
la creación de la tierra y de la humanidad.

5³⁄₁₆" x 8" • 288 págs.
1-56718-294-1

Maria Shaw

EL DESPERTAR ESOTÉRICO

La única guía esotérica creada para adolescentes
entre 12 y 18 años. Maria Shaw ha aparecido
recientemente en programas populares de la te-
levisión norteamericana —*Blind Date* y
Soap Talk—. Mediante esta magnífica obra,
la autora ayuda a los jóvenes de hoy a conocerse
a sí mismos por medio del zodiaco y otros temas populares de la Nueva Era.

7½" x 9⅛" • 336 págs.

0-7387-0511-X

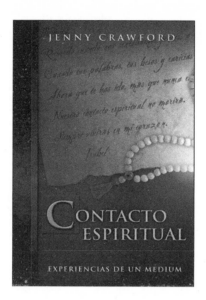

Jenny Crawford

CONTACTO ESPIRITUAL

Evidencias de la vida después de la muerte.

En esta obra, un médium comparte información sobre el mundo que nos espera después de
la muerte. Cada capítulo contiene mensajes que
reconfortan el corazón de aquellos que han
perdido a un ser querido.

5³⁄₁₆" x 8" • 240 págs.

0-7387-0289-7

Elen Hawke

A-Z DE LOS HECHIZOS MÁGICOS

Explore sobre la limpieza del aura, el amor,
la confianza, y mucho más en esta guía sobre
magia. Los consejos transmitidos a través de
más de cien hechizos escritos por la experta
en prácticas Wicca, Elen Hawke,
lo guiará en todos los niveles de aprendizaje
de esta fascinate tradición.

5³⁄₁₆" x 8" • 168 págs.

0-7387-0564-0